「拒絕病」得救了

當時拒絕就對了

56招「說不指南」遠離他人的索求，
勉強自己為別人忙，不如對自己坦然

應衛強——著

目錄

CHAPTER

2

心智自由：你能接受讓別人主宰你的一切嗎？

對待感情，雙方都要給彼此最基本的尊重，沒有倒貼，沒有將就，才能呈現理想狀態。

CHAPTER

3

認同自己：沒有人能拿走你說「不」的權力

尊重自己的本性。有缺點不要緊，別刻意為了改變而改變。發自內心重視自己，看清自己的價值，珍愛與眾不同的自己。

CHAPTER

4

從容拒絕：拒絕讓你更珍貴，別讓你的幫忙變成理所當然

敢於自己做主的人，在選擇的時候，已經做好承擔後果的準備，不管好的壞的，都是自己的選擇，不用抱怨，也不用誰負責。

CHAPTER

5

把握界限：不威脅他人利益，不放棄自己立場

面對那些利用你、輕視你、不斷找你麻煩的人，要學會坦然拒絕。只有維護自己的尊嚴，才能提升你在別人心中的分量，贏得尊重。

CHAPTER

6

消滅不甘心：你吃的都是不懂拒絕的虧

一個內心強大的人，不是把所有的情緒都默默裝在心裡，緊緊包裹著抑鬱的情緒，只會讓心靈失去光澤，對生活失去信心。

前言

不要再讓別人的事情折磨你

不知道你有沒有遇過這樣的事情？

當你忙著加班、分身乏術的時候，朋友請你幫他一件小事。你原本想冷著臉回絕，可是念及多年交情，最後還是假裝心平氣和答應了。殊不知，朋友口中的「小事」，根本就沒那麼容易解決。為了不讓朋友失望，你不得不絞盡腦汁、透支精力、咬著牙，硬扛了。

週末你想在家好好休息一下，老同學突然約你去逛街。你根本就不想去，可是老同學誇你眼光好、品味高、又會殺價，說沒有你的意見，他絕對會吃虧。於是，為了不讓老同學吃虧，你只好犧牲自己的週末休息時間。

當你上班遇到塞車，正擔心著快遲到的時候，同事突然打電話給你，請你幫他外帶一份早餐。你又急又氣，當場就要發作了，可是考慮到還要跟同事相處，不能因為一件小事就把關係弄僵了。於是，你趕去幫他排隊買早餐，結果遲到被扣了薪水。

類似的事情，說多不多，說少不少。我們的態度往往出奇一致，那就是：不敢拒絕對方。因為你不敢拒絕，所以別人認為你很好說話，就把各種瑣事都塞給你，給你最差的待遇，給你最壞的評價……你不去反抗，不去爭取，不去辯駁，最後只會丟掉尊嚴、人格和權益。你唯一得到的安慰就是：你真是一個好人！

其實，你知道自己是一個有底線的人，可是在害怕拒絕的心理影響之下，你的底線一次次被踩踏。你的忍耐力愈來愈強，膽子卻愈來愈小。

你害怕拒絕別人，但是你究竟是在害怕什麼呢？

你害怕得罪別人，你認為遷就別人，才能獲得好人緣，否則有可能與人交惡。可是你有沒有想過，如果別人用交情「勒索」你，對方是不是也在得罪你呢？有句話說：「別怕得罪人，有原則的人，大家都敬他三分。」當別人觸犯了你的原則，你又何必遷就他人呢？

你害怕被否定，你一味迎合別人，其實只是想得到別人的認可，想在人群之中找到存在感。你覺得拒絕了別人，就可能被孤立。可是，你願意為了活在別人的認可裡，而放棄真實的自我嗎？

你害怕改變，你寧願在別人的主宰下安之若素，也不願意為了心中的夢想勇敢去闖。你覺得順從別人可以得到同情和援助，至少能夠安穩過生活。可是，你沒發現順從只會讓你更委屈、更怯懦嗎？

當你不敢拒絕別人，最後只能憋屈了自己，你希望得到安慰，卻無人理會。你太好說話了，別人找你做什麼事，你都答應；別人找你要什麼東西，你都給。如此一來，你就變得不珍貴了。你忘了，**人的價值是靠拒絕而來的，拒絕可以讓你變得更珍貴。**

拿出拒絕的勇氣吧，讓你的心智變得自由，自己先認同自己，讓所有的不甘心煙消雲散。你要相信，**你拒絕別人，並不會傷害他們，而是給他們更多磨礪的機會，而你也有更多的精力和時間處理自己的事。**

不要再讓別人的事情折磨你，學會拒絕就從當下開始。

CHAPTER

1

拒絕的勇氣：

當你不敢拒絕的時候，你在害怕什麼？

你知道自己是一個有底線的人，可是害怕拒絕的心理影響之下，你的底線一次次被踩踏，結果你的忍耐力愈來愈強，膽子愈來愈小。

怕傷害別人，難道就要傷害自己？

德國哲學家康得說：「生氣，是用別人的錯誤來懲罰自己。」

這句至理名言，她中學的時候就讀過，可是真正教會她領悟其中含義的人，卻是母親。那年，她讀高三。因為學校離家很遠，回去一次要折騰不少時間，還得花幾百元車資。當時，家裡的經濟條件不是很好，所以她一個月才回去一次。就算是像清明節這種的小長假，她都會待在學校，從不例外。

某個週末，班上的同學都回家了。吃了午飯之後，她買了一袋瓜子，帶著一本厚厚的英語課本，到空無一人的教室自修。到了晚上，她把地上的瓜子殼打掃乾淨之後，就直接回去宿舍。

週日下午，學校要求高三學生上自習課。大家到齊之後，各自安靜自習。班主任在門口站了一會兒，要大家停下來，說有事要講。班主任問：「是誰掃完地了，還在教室裡吃瓜子？」見到沒有人回答，班主任火了，問：「沒有人要承認嗎？」

她知道那與自己無關。可是她心裡還是害怕，一直在猶豫要不要告訴班主任，週六下午吃了瓜子，但是已經打掃乾淨了啊。最後，她還是去找班主任，坦白週六那天有吃瓜子，但是已經打掃乾淨了，今天的事不是她做的。

然而，班主任根本沒有聽她把話說完。當天，班主任在教室裡當著所有同學的面說：「我就知道有些人不自愛。做了就做了，坦白承認了，還要找藉口。我早就知道是誰，不要以為我看不出來。像這樣的人，以後不可能有什麼出息。」

她心裡很難過，很委屈，當場就止不住流淚。那天晚上，她胡思亂想了很久。此後，她對班主任心存芥蒂，不再聽班主任的課，班主任在上面講，她就在下面做自己的事。那次模擬考，她的成績退步了很多，總分連二流的學校都上不了。

回家的時候，她沒有提考試的事，母親見她情緒低落，也就沒多問。在家裡寧靜而安全的氛圍裡，她抑制不住內心的委屈，把事情的原委跟母親說。母親溫和地說：「這不是你的錯，你也不需要用別人的錯誤來懲罰自己。你用這種方式對抗，就是在跟自己和自己的未來過不去，不值得。這世界上有很多種人，不管遇到哪一種，都要用平和的心去對待。記住，你永遠無法改變別人，只能改變自己，讓自己不生氣。」

這件事引發的後果，以及母親的這番話，給她上了人生最重要的一課。她消除了心裡的芥蒂，不是刻意控制自己不生氣，而是真的想通了——沒必要把寶貴的時間和美好的未來，浪費在對別人的埋怨和痛恨上。這樣的思維方式，後來一直伴隨著她，徹底改變了她為人處世的態度。無論對生活還是對工作，她都不會輕易生氣了，既不會讓別人的不足影響自己的進步，也不會讓別人的錯誤成為自己的包袱。

印度詩人泰戈爾說過：「不讓自己快樂起來，是人最大的奢望和罪過。」

生別人的氣，就是在為難自己。面對他人的過錯，能夠做到心平氣和、泰然處之的人，才是生活的智者。畢竟，你再怎麼生氣，再怎麼難過，對方也不一定會因為你的憤怒而認知到自己的錯；即便知道了，也不一定會立即改正。所以，你生氣又有什麼益處呢？**與其這樣折磨自己，不如放寬心，忽略那些擾亂心靈的浮塵。錯不在你，你又何苦為難自己？**

我還想跟你分享另一個故事。

一位高貴的婦人，經常因為一些瑣事生氣。久而久之，她的高貴變成了戾氣，身體也大不如從前。她很苦惱，便去求一位朋友指點迷津。

朋友聽了她的講述，一言不發，接著就把她一個人鎖在房裡。婦人氣得破口大罵，可是不管她的罵聲多高，朋友都不理會。最後，婦人便開始哀求，朋友仍是充耳不聞。婦人喊叫得累了，見沒什麼效用，便也沉默了。

朋友來到門外，問婦人：「你還生氣嗎？」

婦人高聲說：「我是生我自己的氣，我怎麼會跑到這地方來找罪受。」

「一個連自己都不原諒的人，怎麼可能心平氣和呢？」朋友搖搖頭，走開了。

過了一會兒，朋友又問她：「你還生氣嗎？」

婦人說：「不生氣了，生氣也沒有辦法。」

「你的氣並沒有消，還壓在心裡，爆發之後會變得更加劇烈。」朋友又走開了。

朋友第三次來到門前，婦人對他說：「我不生氣了，因為不值得。」

「還知道值不值得，可見你心裡還有衡量，還有氣根。」朋友笑著說。

傍晚，當朋友站在門外迎著夕陽西下，問她是否還生氣的時候，婦人問：「什麼是氣？」

朋友聽了之後，笑著把手裡的茶水傾灑於地。婦人感激而去。

何謂「氣」？就是從別人的嘴裡吐出來了，你卻接受的東西。如果吞進身體裡，就會覺得反胃；如果不在意，它便自動消失。所以，別人的憤怒和過錯，統統還給他們，那不屬於自己，沒必要為那些煩擾身心的事而停留。

每次發脾氣之前，冷靜地問問自己：「我生氣了能改變什麼嗎？別人會不會為我的壞脾氣買單？」如果別人不會，那還是收起怒氣吧。氣大傷身，任何人都不想得到這樣的結果。無論什麼時候，都嘗試用寧靜的心去對待一切，煩惱自然會遠離。

有原則的人，大家都敬他三分

「我們聽過無數的道理，卻仍舊過不好這一生。」這句在電影螢幕上一閃而過的話，卻被許多人印在腦海裡。

是啊，我知道熬夜不好，但是一到晚上還是滑著手機，停不下電腦遊戲；我知道吃垃圾食物不好，但是每次吃零食的時候就把這些警告全拋在腦後了；我知道該鍛鍊身體了，但是一有空閒的時間還是拿去睡覺了；我知道……那麼多的「我知道」告訴我們，在茫茫人海中，我們之所以不能深刻地感知自己，大部分原因是，我們總是想得太多，做得太少。

網路上流傳一句話：「最可怕的事情，不是別人比你優秀，而是優秀的人比你努力。」很多優秀或者成功的人都是惜字如金，他們每天都在埋頭思考和做事，很少承諾，很少誇誇其談。在成功面前，他們是行動派；在成功背後，他們是沉默派。

我們身邊有很多這樣的人，他們常常說：「我是一個有原則的人，我絕不……」可是面臨實際情況的時候，還是為自己找一堆藉口，一如既往妥協了，不僅解釋給自己聽，也解釋給旁人聽。其實，這不過是掩耳盜鈴罷了。

做人有原則，做事有原則，似乎一切行為加上「原則」這個標籤就會高尚許多，就好比古裝劇裡一群大口吃肉大碗喝酒的人，劫富濟貧要加上替天行道一樣。這樣，說著說著，原則在許多人口中逐漸成為一種口號，成了標榜自己的說辭。而真正有原則的人呢？他們將原則記在心裡，以行動去回應。

原則有大有小，遵守社會原則是每個人的道德底線。原則可以很簡單，比如開車不喝酒，喝酒不開車；原則也可以很隨意，比如週末不吃麵。重要的是，原則不是說說而已。它不是擺設，不是口號，不是藉口。你的原則由你定，自然也由你自己遵守。

嚴格來說，遵守原則的人並不多，就我個人淺見，這類型的人往往比其他人更可信。

我對於原則問題並沒有那麼苛求。在飲食上，我希望做到按時吃飯，三餐正常，但是週末想賴床的時候，直接跳過早餐不吃也是有的。我記得卞之琳先生說過一句話：「大處敏感，小處迷茫。」我想，用這句話來形容我對於「原則」的態度，再適合不過了。雖然不算虔誠，卻也在遵循著。反觀我身邊的朋友們，整天喊著要減肥的人，往往三天打魚兩天曬網；聲稱自己不喝酒的人，還是常常爛醉如泥；還有一些月光族，每每在月初信誓旦旦地說這個月不亂花錢了，結果月底還是把錢花個精光。

我們身邊一直都有堅持原則的人，對這樣的人，有人羨慕嫉妒恨，有人盲目崇拜。我的上司老趙，他把堅守原則這件事做得近乎完美。

我剛進這家公司的時候，只是一個有三年打雜經驗的底層員工，當時老趙是我的組長，據說他是從大公司高層跳槽過來的，選擇從基層做起，這也給了我「攀附」的機會。在他底下做事，我學習到很多見識，可以說，是老趙把我從谷底拉上來的，而他為人處世的原則也一直影響著我。

「做人得有原則。」這是他說的。他比較沉默，寡言少語，按理說這樣的性格跟客戶洽談很不討喜，但是同一個案子，總是他的業績最好。我記得當時還有另一個小組長老張，他和老趙之間的競爭最為激烈。與老趙的沉默不同，那個小組長巧舌如簧，對付客戶很有一套。不過時間久了，兩組之間的業績也拉開了差距。幾個月之後，他們組的客戶不約而同地轉到我們組來，我以為老趙有什麼殺手鐧，總想找個機會打探一下。

有一次，組內聚餐，老趙喝了些酒，有些醉意。我看準了這個機會，向他打聽客戶的情況。老趙擺擺手，說：「哪有什麼機密啊。我告訴你，那些客戶之所以轉到我們這裡，還是因為我們遵守原則，承諾過的話絕對不耍賴，一定做到。不會因為今天出現這個情況、明天出現那個情況，就改變自己的承諾，這是原則性問題。你只有堅守原則，別人才會信任你。」

聽了這番話，我回想了一下老趙平日的為人。早在加入這個小組之前，老趙便立了幾條規矩，說是絕對不能觸犯。當時可能嚇到一些組員，但是後來大家見他平日很好說話，一些小過錯跟他說說就過去了，我們也跟著放鬆了。不過，一旦有原則性的過失，他處理起來絕不含糊。

之前有一個資歷比我深的員工，見老趙不太發脾氣，有些事便開始自作主張。老趙知道情況之後，警告了一次，後來看警告沒用，就直接發給他一封辭職信表格。此後，我們組裡一些鬆散的組員便知道上司的厲害，整體工作也逐步走上正軌。而我們的勁敵，情況剛好相反。他們的辦公室也貼了一張「規範」，但是，有些人看自己犯了錯也沒什麼懲罰，就開始我行我素。

木心在《文學回憶錄》裡說：「懺悔是無形無聲的，從此改過了，才是懺悔，否則就是，至少是，裝腔作勢。」**關於「原則」問題，也是同理，你大聲說出來也罷，暗自叨念也罷，都不如真正付諸實踐。這才算是原則，它從來就不是說說而已！**

不想要就要說出來

有人指責你，你表面不動聲色，心裡卻對他不屑一顧，暗想著自己不想跟這種粗魯人計較，這種人註定不會有出息。

有人羞辱你，你不願反抗，安慰自己真英雄才不會在意這些，寧做忍辱負重的韓信，不做自斷後路的項羽。

有人不斷強迫你幫忙，你不敢拒絕，一邊心裡滴血一邊替人做嫁衣。不僅如此，你還告訴自己付出一定有收穫；即使沒有，也對得起自己的良心。

不管面對怎樣的不公，你總是能迅速地調整自己的心態，讓自己變成精神上的強者。雖然你老是被欺侮、被占便宜的那一方，但是在你心裡，你還是瞧不起那些人。

你用悲憫的眼神看著他們，就如同看著迷途的羔羊，你從內心深處憐憫他們，覺得他們為了蠅頭小利竟然可以露出醜惡的嘴臉，竟然可以忽略人生真正的美好，實在是可笑又可悲。每一次在行為或言語上被旁人牽制之後，你就會化身為精神上的巨人，去寬恕他們，原諒他們。這種偉大高尚的情緒充盈了你整個身心，讓你覺得自己也變得偉大無比，如同聖人一般。

可是，你的形象真的那麼偉大嗎？其實，是你的自尊心在作祟，你只是不敢態度堅定拒絕他人；同時，心裡又不願意承認自己軟弱，於是找了一堆說服自己的理由，好讓自己看起來堅不可摧。

有欺辱，忍住；被強求，答應；困於逆境，不抵抗、不拒絕。你以為這是生存之道，以為自己能屈能伸，卻從來沒有意識到，一味地逆來順受，已經抹去了你的血性，你的激情，你的抱負，你只是在「屈」而已，哪裡有「伸」的機會和勇氣呢？逆來順受不會改善你的現狀，反而讓你變得愈來愈頹廢，愈來愈無所謂。

很多人覺得自己不過是忍一時，不至於忍一世，他日飛黃騰達，自然不用再忍氣吞聲。可是真的是這樣嗎？人外有人，天外有天，你的環境總是有人比你強，讓你不能不忍，不敢拒絕。我們的生活和工作是從一個圈子跳到另一個圈子，如果你不改變態度，就算離開現在的環境，在新的圈子也不會有太大的轉變。**你如何過你的一天，就如何過你的一生**。

誠然，我們不需要凡事都擺出一副寧死不屈的態度，但是至少你應該懂得何時說「不」，至少你應該懂得自己的時間和精力是有價值的，不能白白付出，自己的利益被侵犯的時候，勇敢站出來為自己申辯和抵抗。

有一些很好、很熱心，但不懂拒絕別人的人，他們並不是不想拒絕，而是不敢拒絕，生怕一不小心，就會傷到自己跟別人的關係，或者得罪對方。可是我想說的是，因為你拒絕而心生怨恨的人，你又何必與他深交呢？

美琪跟同事人人好，同事有什麼小事都去找她，今天要她幫忙做個表格，明天找她幫忙填個資料。有一次，一個同事晚上要去約會，手頭有一份檔案還沒整理完，就拜託她幫忙。美琪心裡有些不情願，還是答應了，結果晚上加班到十一點半才完成。其實，這份工作不急，同事可以留到隔天再做，他就是看準了美琪凡事忍氣吞聲的性格，才把工作交給她。而美琪也心知肚明，只是沒有拆穿，沒有拒絕。

生活中，我們也經常遇到別人請我們幫忙的情況。比如，你的同事每天都要你幫忙買早餐，還指定要買什麼。當然他求你是有原因的，不是住太遠、容易睡過頭，或是上班路上沒賣早餐，而你每天上班都會經過早餐店，覺得也沒什麼便答應了。可是你也有不方便的時候，有時會起晚，有時上班路上會塞車，如果不幫他買早餐，自己帶個麵包或吃塊餅乾就打發了；就是因為要幫他買早餐，冒著遲到的風險也不得不去。你很想拒絕，又覺得自己不厚道，因為對方先給了早餐錢，事後又熱情道謝，讓你很難說「不」。

時間久了，你表面上不說，心裡卻愈來愈不滿，因為沒辦法拒絕，你只好安慰自己就當鍛鍊身體，就當提高自己的修養。可是這種安慰只能發揮一時的作用，你無法每天都這樣安慰自己。你開始把焦躁的情緒帶到工作上面，甚至一想到那位同事你就心煩，一看到他心情就變糟。可是即便如此，你還是逆來順受不「抵抗」，這不是在給自己製造麻煩嗎？

有時候人們將拒絕的後果想得太嚴重了，總覺得一旦拒絕，緣分就會兩邊走。可是真的有那麼多人，會因為別人的拒絕而心生怨恨嗎？如果對方是這樣小心眼又自私的人，你要做的就是遠離他。我們身邊大多數的人，在請求他人的時候都心懷著感激，即便對方拒絕了，也不會因此而憤恨，仍然感謝對方，這才是常態。因此，你不用將自己逼到忍無可忍的地步，覺得不能忍，直接說出來就好了。

逆來順受，沒有辦法幫你擺脫逆境；相反地，它可能將你困在其中動彈不得。想要擺脫逆境，就是直接打破，勇敢說「不」，而不是找各種冠冕堂皇的理由，來為自己的膽怯開脫。

表明立場，大家就不會強迫你

每次公司聚餐，我都特別容易頭痛，因為飯桌難免觥籌交錯，而我偏偏又是一個不太能喝酒的人。老闆敬的酒，沒辦法推辭；同事勸的酒，不好意思不喝，結果還是被迫喝了不少。因此，每次聚餐我總是緊張兮兮的。

公司有個新人，大家聚餐都會找他，不過從第一次聚餐開始，他就非常堅決地表示，自己滴酒不沾。我心裡不以為然，當初我也這樣說過，最後還不是妥協了。

果不其然，到了酒桌上，大家開始輪流敬他，可是他要嘛以茶代酒，要嘛直接說不能喝。這麼一來一往，大家的興致也就淡了，不再勉強他。幾次之後，大家出去喝酒也不會找他。我心裡其實有些替他感到可惜，他如此冥頑不靈、不識抬舉，以後在公司發展只怕會受挫。

出乎我意料的是，他和同事們相處得很融洽，雖然不跟大家喝酒，但是他用其他交際活動彌補了這一點。有些避不開的酒局，大家也就不再逼他喝酒，甚至還會幫他解圍。我不由地心生羨慕，如果當初我也堅持到底的話，現在也不會被酒局逼得如此窘迫。

在我還沒畢業之前，已經耳聞不少應酬文化。長輩們常常跟我說，學會喝酒更有助於建立起良好的人際關係。也許正是這樣的言論，讓我在潛意識裡將「會喝酒」當成了社交的基本技能，以至於在職涯中，遇上別人敬酒，我也從不拒絕。因為一拒絕，對方那一頂頂大帽子就會扣上來，什麼不喝就是不給面子，不喝就是瞧不起人……理由繁多，無非就是在告訴我，不喝，就是得罪人。誰想得罪別人呢？因此，在眾人輪番「轟炸」之下，最後我還是選擇了妥協。

可是公司這位新人的經歷卻告訴我，其實不妥協也不一定就會得罪人。先擺明立場，再堅守立場，別人也就不會再三逼迫。如果別人一味強求，那麼就不是你得罪別人，而是別人有意為難你。想通了這一點，再付諸實踐，生活中很多因為不懂得拒絕而帶來的困惑，就能迎刃而解，與人相處也變得游刃有餘。

每個人都有自己的立場，它可以反映出一個人的品行和處世態度。**立場這種東西，貴在不動搖，一動搖便滿盤皆輸，甚至後患無窮**。比如，你說自己不喝酒，可是別人一催一逼，你就妥協了，那麼你以後再怎麼表明立場也沒用了。因此，表明立場很重要，堅持立場更重要。

多數情況之下，表明立場之後，一般大家就不會再強迫你了。大家都不願撕破臉，可是照顧面子是相互的，既然你已經事先聲明，那麼對方就應該有所顧慮。如果對方肆無忌憚，全然無視你的感受，那也是在得罪你。

當然，拒絕別人也是有技巧的。硬碰硬是最笨的方法。我還是用喝酒來舉例吧。比如，你本身不能喝，可是別人敬酒也是好意，這時你板著臉一副「高姿態」冷冷地說自己不能喝，那就會得罪人了。你可以說，一會兒要開車，出門時家人交代過了要安全回家，不好意思呀。這樣一說，大家還會強逼你喝酒嗎？或者為了一勞永逸，你可以說體質敏感，喝酒會過敏，這樣別人也不好再硬逼你。

誰也不喜歡被直接拒絕，所以你要學會迂迴的拒絕。既要達到拒絕的目的，也不讓對方覺得難堪。表明立場加上婉拒技巧可以幫你脫離不少窘境，而太過強硬的拒絕方式，即便可以「退敵」，往往也是傷敵一千，自損八百。

表明立場並沒有錯，但是立場怎麼表達卻是一門大學問。你的立場雖然是個人意志，但是或多或少會對周圍的人造成影響。你必須確保表明立場之後，既可以保全自己又不傷害他人，否則你就是在給自己樹敵。

表明立場是一門技術，你得琢磨再琢磨，學習再學習。

別傻了，沒有人能決定你的生活

英國女作家吳爾芙說過，「每個女人都要有自己的房間。」毫無疑問，吳爾芙所說的「房間」，是指屬於自己的獨立空間。世上唯有專注於自己的生活、懂得經營自我世界的人，才能克制情感，不去打擾別人的生活。

週末早上，本想多睡一會兒的陳寒，被刺耳的電話鈴聲吵醒。她睜開一臉惺忪的睡眼，沒有看手機螢幕的來電顯示，就直接按了靜音。她知道，這個時間打電話的沒別人，只有表妹。這樣的戲碼，沒幾天就上演一次。

果然，在手機無人應答之後，表妹發來了簡訊，想要陳寒陪她出去走走。陳寒被打擾得睡意全無，本來她今天還有一份報告要寫，可是想到表妹總是這樣「耐不住寂寞」，便決定跟她出門，趁機教育教育。

一小時之後，表妹的車子已經停在樓下。自從她結束了上一段戀情之後，就一直單身，沒有可以糾纏的男友，就鎖定陳寒為目標。前兩年陳寒去國外進修，直到現在都沒談戀愛。這個世界上，單身的女子永遠都是同性出門逛街的最佳拍檔。

到了中午，姊妹兩人逛得累了，就找了一家幽靜的小店。

陳寒問表妹：「你平時下班都做什麼？」表妹一邊吃蛋糕，一邊說：「不一定啊！有時跟同事出去玩，有時跟同學約會，有時自己逛逛，實在沒事做，就只能去爸媽那裡吃晚飯，跟他們閒聊。」陳寒突然覺得自己的問題有點多餘，顯然表妹就是那種耐不住寂寞的人，不可能一個人獨處。

陳寒感嘆：「你為什麼非得找人陪呀？我看，當初就是因為你太黏人了，阿峰受不了你，才被嚇跑的。今天就是出來送洗戒指，買兩雙襪子，你自己一個小時就可以搞定了，你偏偏要吵醒我……你不知道我很累嗎？」姊妹倆關係很好，經常會開開玩笑調侃一下，她知道表妹不會往心裡去。

表妹撇了一下嘴說：「看來，你也嫌棄我了！其實早上我也不想打電話給你，可是我實在找不到其他人了。我就是不喜歡一個人，覺得很悶，喘不過氣來。不過，你說得沒錯，當初阿峰跟我分手，也是這個原因，他說他失去自由了，我還要死要活地跟他吵了好久，說他沒良心。我真的有那麼黏人嗎？」

陳寒半帶嘲諷地說：「你覺得你還不夠黏人嗎？我要不是跟你有血緣關係，早就跟你絕交了。話說回來，以後你最好不要這樣。我們是姊妹，有些話可以直說，但是別人心裡有想法，不一定會告訴你。不管是戀人還是朋友，都需要自己的空間，你覺得孤單寂寞了，就去纏別人，你敢保證別人和你想得一樣嗎？也許人家明明有事要做，只是不好意思拒絕你。一次可以，兩次無妨，次數多了，勢必會覺得你很煩。女人啊，要給自己的生活留點空白，有屬於自己的生活。」

這番話，表妹倒是真的聽進心裡了。想想自己這些年來，幾乎沒有獨處的時候，借用一句廣告語來形容：「我不是在約會，就是在去約會的路上。」買東西的時候想找人陪，看電影的時候想找人陪，心情不好的時候想找人陪，就算去考試或面試也想找個人陪……若不是表姊陳寒跟自己講這些，她還覺得那些推三阻四的朋友都不是真心對待自己，現在想想，也許自己打擾了別人的生活。

那次談話之後，陳寒發現表妹有了變化。雖然偶爾也會來邀約，但是和過去相比，「騷擾」電話明顯減少了，再也不會買個東西也要她幫忙拿主意，去補辦證件也要她陪。讓她更驚訝的是，表妹竟然獨自去旅行了。看著她在臉書上PO的照片，陽光、沙灘、微笑，陳寒心裡一陣欣慰。

生活如同連續劇，每一集的時間是固定的，柴米油鹽、上班下班就像片頭、片尾曲，熟悉得讓人感到疲倦，但是每天的情節都是未知的，有喜有憂，有苦有樂。舞臺上來來回回很多人，但是最終主角只有一個，那就是自己。

不過，很多時候，我們剛好忘記了自己是生活的主人，似乎只有和他人相處的時候，才能感受到自己的存在。殊不知，每個人都有自己的生活重心，不懂得演繹好自己的角色，去豐富生活和心靈，往往就會加劇損害人與人之間的情感。你的熱情，也許會變成他人的負擔；你的介入，也許會打擾別人獨立的空間。

想要不打擾他人的生活，就要先學會擁有自己的生活。週末，朋友可能希望獨處，不要輕易去打擾他們。你要知道，生活的樂趣通常跟嗜好連在一起，讀一本喜歡的小說，沏一壺清香的綠茶，看一部暖心的電影，都可以讓浮躁的心平靜下來。

人生的道路，始終都要自己一步步去走，遇到問題的時候，可以詢問朋友的建議，但是不要期待對方幫你做決定。對與錯，好與壞，結果沒人知道，沒有人可以保證每一個決定都是最好、最正確的。

無論是親人、朋友，還是愛人，彼此之間可以暢談心聲，可以分享喜樂，可以共同經歷挫折，但是有一點你必須牢記於心：**每個人都有自己的生活方式，無論那個人是誰，都不要因為自己寂寞、枯燥的生活，而去糾纏他**。做一個內心淡定而豐盈的人，不求他人占滿自己的心房，在不為人知的心靈一角，給自己留一間「房間」，自由呼吸，活出個性。

別人說得出口，你就拒絕得了口

前不久，好幾年沒見的大學同學阿蘭工作跳槽到我住的那座城市。我們在電話裡簡短地寒暄之後，便相約出來小聚一下。

我們約在市中心的一家咖啡館。下班是交通高峰期，地鐵裡擁擠不堪，我費了好大力氣才擠進去。下午六點多左右，我推開那家咖啡館的大門，雖然遲到了幾分鐘，但是阿蘭也還沒到，也讓我稍稍安心了一點。我這個人，寧願等別人，也不願別人等我。當然，等待也是有限度的，就一杯咖啡的時間，如果咖啡喝完了，等的人還沒來，我二話不說就走人。

我訂的位置正好靠窗，咖啡喝到一半，我便看到阿蘭急匆匆地下了計程車。

「不好意思，臨時有點事耽誤了。」阿蘭還沒坐下來就一臉歉意地對著我笑。

「沒關係，我也遲到了一會兒。」

我們邊喝咖啡邊說著自己不鹹不淡的生活。幾年的時間，阿蘭的改變也還我的預料之內。她說著自己忙碌的生活，說著前幾份工作的心酸，說著現在朋友圈的龐雜與熱鬧。

窗外華燈初上，璀璨閃亮，卻依然給人一種遠在天邊的錯覺。相反地，咖啡廳裡奶白色的燈罩下，光線朦朧而溫馨，正是聊天的好地方。只是，這樣美好的氛圍不時被打斷。她的手機幾乎隔幾分鐘就會不合時宜地響起來，而每次的通話時間卻只有短短一兩分鐘。

這樣連續幾次之後，阿蘭沒等我問便主動說：「都是以前的一些同事打來的，也沒什麼大事，就是無聊想找我聊聊天。」

「那是好事啊，說明你人緣好，大家都喜歡你。」

沒想到我隨口這麼一說，一直情緒高漲的阿蘭卻頓時有了諸多感慨。她苦惱地說：「不知道我是不是太隨和了，周圍的人無論什麼事第一時間都想到我。搬家的時候，無聊的時候，失戀的時候，甚至家裡的小貓厭食這種事也會跟我說個半天。對了，你知道最扯的一次是什麼嗎？有一個同事家裡的水管堵住了也打電話給我，要我過去陪她等修理人員過來……」

「你去了嗎？」我有些詫異。

「當然去了啊。」她無所謂地聳聳肩，「她都打電話來了，總不能拒絕吧。雖然說不上是多麼要好的朋友，但是就同事這一層關係來說，搞好同事之間的關係對今後的工作也有幫助啊。你不知道吧？同事都誇我很有親和力呢。只不過，唯一不好的是，我每天都很忙，上班為工作忙，下班為他人忙，都沒什麼私人時間了。」

我了然地點點頭，並不作評價。她這種性格我在大學的時候就有所察覺，只是沒想到進入職場之後，會發展成現在這種情況。

最後分別的時候，我幫她攔了車，因為她正在應付一通電話。把她送走之後，我沒有馬上回家，一個人沿著喧囂的街道走了一會兒。這次時隔幾年再次碰面，讓我無限感慨，現在的阿蘭就像曾經的我，一直忙忙碌碌，忙著應酬，忙著各種交際，忙著照顧朋友的心情，忙著處理別人拜託的雜事。曾經的我每天都很忙，但是追根究柢，那種忙碌並沒有讓我感覺充實；相反地，它讓我無所適從，幾乎失去了自我。

所幸，當時一位前輩點醒了我。那天我跟前輩忙完一個策劃案之後，已經很晚了，她有車，說順便送我回去，我也就沒有推辭。因為上班的時候手機調成靜音狀態，所以當我坐在車上習慣性地滑手機時，發現竟然有十幾通未接電話，還是幾個不同朋友打來的。當下，我回撥了一位，電話那邊，我還沒開口，他就說：「啊，沒什麼大事，我今天出門忘記帶鑰匙了，等房東的時候就想說跟你聊聊，結果你沒接……」

另外，幾通未接電話也無非是這樣的小事，我有些無可奈何，嘆了一口氣。

那位前輩看了我一眼，就開始教訓我：「其實我早就想跟你談談了，你看你，人太隨和了。無論什麼人、什麼事，你都不懂得拒絕。長久下來，別人就以為你好說話，但是這樣你不累嗎？」

我有些愕然，卻又老老實實地點頭。

前輩接著說：「親和力固然是好事，但是親和也是有界線的，像你這樣就不叫親和力。你要懂得拒絕，知道什麼是自己分內的事，什麼是閒事。每個人都有自己的生活，不要光顧著別人，結果把自己的生活弄得一團糟。」

當晚回去之後，我也想了很久，不斷地反思，終於悟出了一點道理。之後，我開始不動聲色地改變，生活也逐漸明朗，逐漸輕鬆。當然，這個過程卻並不輕鬆，成長總是要付出代價的。

到現在，對於朋友之間的交際，我有了自己的分寸和拿捏。而阿蘭，我相信她終究會明白這一點，她還有很長的一段路要走。畢竟，只有親身經歷過，才會有最透徹的領悟。

我知道，有很多人都和曾經的我和現在的阿蘭一樣，為了跟別人好相處，不得不一味地附和周圍的人，從來不懂得拒絕。久而久之，我們雖然成為眾人口中的好人，但是也失去了自己原本的個性，反而不受他人尊重。

這樣的親和力又有什麼意義呢？你要知道，**不卑不亢才是理想的人生狀態，只知道附和而不敢拒絕，最終會讓人生變得一團糟**。所以，任何事都需要掂量清楚，依照本心去做，才是正確的選擇。

做不到的事，幹嘛要答應？

網路上流行一句話：「小時候我以為自己能拯救全世界，長大後才發現全世界都拯救不了我。」這句話的主旨是諷刺那些只會空談、幻想，卻沒有能力付諸行動的人。現實生活中，這樣的人也不勝枚舉，他們明明能力一般，卻總是喜歡應承，喜歡大包大攬，好像自己能解決所有的事，但最終的結果往往卻是，成事不足敗事有餘。

我的同學小君就是這樣的人。讀研究所的時候，我和小君跟著一位老教授學個體經濟學。老教授教學數十載，對待學術極為認真，平時也不苟言笑，但是他的為人卻極為正直寬厚。平日，我們偶爾犯了點小錯誤，他雖然會口頭訓斥幾句，但是一定詳細地分析我們錯在哪裡。當然，這樣的錯誤下次絕不可以再犯。那幾年，我跟著老教授在專業和做學問的態度上學到了不少。

由於老教授的實力和為人，有不少研究經費和活動名額都首先考慮他，我們身為他的學生，自然也比其他人更勝一籌。

一次，院裡有一個全額資助的出國留學名額，小君和另一位同學實力相當，又都是老教授的得意學生，兩人表面上風平浪靜，禮尚往來，私下還是免不了暗暗較勁，緊抓住每一個可能的表現機會。

那時候，院長身為受邀嘉賓要去參加一個經濟論壇活動，還要在會上發言。因為有外國友人與會，因此發言稿要做成雙語。那個會議非常重要，院長極為重視。當時，他親自到我們平日寫論文的研究室，拜託老教授推薦一個可靠的外語研究生翻譯那份發言稿。

院長和老教授的這段對話我們都聽見了，也只是聽聽就算了。雖然我們這幾個學生的英語程度都很好，但是也很清楚這樣的水準與專業的現場直譯相比，還是有差距。這次會議的重要性我們都知道，出了什麼紕漏沒人承擔得起。

沒想到，小君開口了，他信心滿滿地跟老教授毛遂自薦。老教授當時沒答應，院長看了小君一眼，覺得還不錯就答應了。

院長對老教授說：「小君的英語程度我知道，上次英語演講比賽，他不是第一名嗎？就讓他擔任翻譯吧，而且這次的發言稿涉及一些專業名詞，讓我們本科的學生來翻譯，說不定更準確。」

既然院長都開口了，老教授也就沒有回絕的理由，只是叮囑了小君幾句，小君連連點頭。另一位同是候選人的同學看過眼前這番場景，嘴角動了動，卻什麼也沒說。我們都知道小君如此急於表現的原因，其實他用這種方式爭取機會也無可厚非。

然而，這件事還是出了意外。

小君確實花費了不少心思翻譯那篇發言稿，期許自己做到盡善盡美。定稿後，他還特地請英語系的學長幫忙審訂。發言稿是沒問題，問題就出在院長之前強調的專業術語翻譯上面。那篇發言稿探究的學術都是當下最新的，大部分的專業術語小君都見過，但是也有一兩個聽都沒聽說過，英語系的學長更是沒聽過。小君本來想去請教老教授，但是一想到老教授本來不同意他擔任翻譯，也就不好意思去。最後上網搜查了一些資料，對比之後，選了他認為最恰當的翻譯。沒想到，還是出了問題。

發言稿中涉及的一個經濟學專業名詞，是一位外國教授的研究團隊所命名的，但是他的競爭對手也極力宣揚，自己的命名才正確。平心而論，這個經濟學的發現，兩位教授都做出了不少貢獻，所以一場口水戰之後，沒有一個最後的定論，仍舊是雙方各持己見。

而在那場會議上，小君翻譯的發言稿剛好選了與會教授競爭對手的命名。所以，會議結束之後，那位外國教授特意過來找院長，開門見山直接質問他是不是故意的？院長半天才反應過來，解釋之後又連連道歉，說是自己疏忽了。但是我們與這位教授的合作專案還是受到了影響，被一系列的藉口擱淺下來。

院長還沒回來，消息就傳遍了整個學院。小君當時有些不知所措了，老教授本想責備他幾句，見他那副失魂落魄的樣子還是忍住了，嘆了口氣便走了。

最後，跟小君競爭的那位同學毫無懸念地拿到了留學名額。聽說最後人選是院長親自選定的，公布之前還曾找小君談話，要他以後考慮事情要全面，別一個勁兒地想出頭。

這件事說到底只能算小君倒楣，不過，轉念一想，若小君不是那麼急功近利，這件倒楣事也不會落到他頭上吧。**俗話說：「沒有金剛鑽，別攬瓷器活。」做事需要量力而行，幫別人做事更需要這樣，否則，只會吃力不討好。**

也許你是一個樂於助人的人，但是如果你有心無力的話，就不要急於應承；一旦你把別人的事搞砸了，最後收到的恐怕不是感謝，而是埋怨、甚至憎恨。

示弱也是一種力量，沒必要逞強

「人，什麼都可以丟，就是不能丟臉。」我們不時這樣要求自己。

在這種暗示心理驅使下，我們變成了好面子的人。好面子並沒有錯，但是一旦過度，從好面子變成了死要面子，那麼不僅自己活受罪，還會影響到身邊的人。

好面子的人字典裡沒有「拒絕」這個詞。不管是拒絕別人還是被人拒絕，他們都無法容忍。他們意識不到拒絕是一種權利，人人都能行使。在他們看來，拒絕別人就表示自己無能，被人拒絕就表示對方不尊重自己。

為什麼不放了自己一馬呢？面子並不是最重要的東西，重要的是明白自己需要什麼。被人拒絕了又怎樣？誰沒有被拒絕過呢？拒絕了別人又怎樣？你不欠別人什麼，

為什麼不能說「不」呢？

我認識一個非常好面子的女強人，她工作能力很強，在公司有自己的一席之地，因此平時表現居高臨下，盛氣凌人。她不能容忍別人拒絕她，也不准自己拒絕別人。不知道是不是性格使然，她身邊沒什麼親密的朋友，隨著在公司職位的晉升，她變得愈來愈強勢，甚至到了咄咄逼人的程度。因為她的人緣一般般，有時看到公司裡年輕女孩聚在一起說笑，她甚至會疑心大家是在取笑她，笑她戴了一副冷面具。

除了同事，她對家人也疑神疑鬼。孩子不聽話，是故意找她麻煩；丈夫不冷不熱，說不定有外遇了……各式各樣的想法占據她的大腦。在人前，她依然心高氣傲，可是四下無人的夜裡，她的內心卻是瀕臨崩潰的邊緣。

即便有些誤會只要溝通一下就能真相大白，有些鬱結只要傾訴一下就可以輕鬆很多，但是她不願意去嘗試；因為她覺得這種行為是一種示弱。從小到大，她從來沒有畏懼過什麼，她想成為女強人，也努力為自己樹立這樣的形象。身為一個強大的女人，從來都是她主動幫助別人，如果轉頭向那些不如自己的人求助，她會覺得丟臉。她努力維持著精明能幹的形象，殊不知在別人眼裡，她愈來愈難以理解。

公司的事，家裡的事，別人的事，自己的事，所有的一切將她團團困住，她覺得自己快要窒息了。可是就算是這樣，她還是不願意開口求救，因為一開口，她就輸了。她不知道這樣的輸贏到底有什麼意義，並沒有人和她打賭，也沒有人跟她比賽。可是，她就是不想輸，哪怕是輸給一個不合常理的意念。

誰都知道這樣的狀態不能長久下去，終於，她最親密的人打破了這種局面：丈夫提出離婚，因為受夠了強勢敏感的她。既雖然壓倒她的最後一根稻草也斷了，但是苦苦哀求、以淚洗面這種事，她做不到，於是她立刻同意離婚。離婚的事，她沒有跟任何人說，雖然說出來可以得到別人的同情，但是她最不需要的就是別人的同情。她是驕傲的、堅強的、有尊嚴的女強人，至少她自己是這樣認為的。

可是，再怎麼自我麻痺，再怎麼努力表現得不在乎，傷害還是在，並且不會因此而減輕。在不知不覺中，她得了抑鬱症。她的身體愈來愈瘦弱，精神也不振，同事們擔心她的身體，建議她跟公司請年假調養一段時間，但是在那些擔憂的神情背後，她對關心視而不見，只覺得大家是在幸災樂禍。

我最後一次見到她，她已經辭職了。她不是主動辭職的，是家人和公司半強迫要她休養。她的母親和弟弟到公司領走她的東西，據說他們已經幫她請了心理醫生，會一直陪著她直到痊癒。希望她可以放下沉重的面子，治好自己的拒絕恐懼症。

現實中，有不少類似這位女強人的人，把所有事都扛在肩上、憋在心裡，最後事情沒得到解決，反而讓自己身心俱疲。其實，**很多時候，示弱也是一種力量，可以得到別人的理解和支持。一味地強撐著，只會給自己找罪受。**

沒主見的人，從來都沒有存在感

很多人在戲弄小夫妻的時候，都喜歡問他們：「你們家是誰做主啊？」如果是太太做主，那麼先生就有可能被笑「妻管嚴」，如果是先生做主，多數人都會流露出理所當然的表情。彷彿男人當家是天經地義，女人當家就是一種逆襲。

或許很多人覺得當家這種事男女誰做主都一樣，可是一個家庭成員在自己的家完全做不了主，那麼他的存在感、他在家庭中的地位，都會變得非常卑微。一個重大的決定，必須所有的成員都要參與；如果其中一人完全被排除在外，那麼他在家庭中的地位也就無足輕重了。

我認識一位女士，人很溫柔和善，個性中帶著些許軟弱。她給我的感覺就是那種沒有主見的女人，至少她就很少提自己對家庭生活的想法，通常是家人說什麼，她跟著附議就可以了。我原先以為她是那種很聽話、沒什麼想法的人，後來我發現她在工作上還是很有主見。堅持什麼否定什麼，都有自己的想法。她在公司經常提一些建設性的方案，因此老闆很重視她。我不明白的是，為什麼她在家庭生活會變成了一個沒主見的人呢？

後來我問了她，她說是習慣了。原來她在結婚前也是很有主見的獨立女性，可是母親反反覆覆提點她，小家庭一個人當家做主就好，如果兩個人都搶著做主，一定會影響家庭的和睦。母親是那種傳統的女性，言談之間明裡暗裡都要她將一家之主的位子交給丈夫。算是為了顧全對方的面子，她也嫌當家管的事瑣碎麻煩要，加上丈夫心思比較細膩，她自然樂見其成。

剛開始丈夫有什麼事還會和她商量，她也懶得去想，一股腦全交給丈夫處理，反正她沒意見。長久下來，丈夫什麼事都自己決定，也不再問她了。她覺得這對生活也沒多大影響，因此也沒反對過。

婚後半年，丈夫忽然拿著兩人的存款去炒股票，她發現的時候，錢都已經拿去打水漂了。她氣得和丈夫大吵一架，怪先生沒有和她商量，丈夫反而理直氣壯地說，當初決定由他當家的就是她，現在又來吵，簡直不可理喻。兩人三天兩頭為這件事吵架，母親來勸架，話裡話外還是怪她干涉太多。她覺得憋屈，不顧母親的反對一定要爭回當家權。

可是，她本身就是大咧咧的那種性格，當家兩個月，把家裡弄得一團糟，還不如當初丈夫當家，因此被丈夫奚落了一頓。從此，她徹底交出了當家的權力。好在後來的日子丈夫當家也沒出什麼岔子，家裡的生活也被安排得井井有條。因為習慣將事情交給丈夫處理，她漸漸地對自己的家庭生活愈來愈陌生，有時親戚問起一些事，她都一頭霧水，讓人哭笑不得。

後來有了孩子，孩子要穿什麼的衣服，要上哪間幼稚園，她都只有選擇權，沒有決定權。太習慣依賴他人，讓她對家庭生活缺乏主見，她甚至覺得，如果有一天丈夫不在了，自己可能無法活下去。

孩子長大了之後，有天週末，丈夫和孩子商量出去旅行的事，父子倆聊得很開心，她安靜地坐在一旁聽，這時孩子忽然問要帶些什麼，丈夫隨口說：「這事問你媽也白問，她都沒意見，別擔心，爸爸都準備好了。」她聽了心裡很不是滋味，她不是天生就是無知的女人，但是現在她覺得自己變得愈來愈無知了。因為她沒有參與，所以她不瞭解情況，也沒有做決定的能力。雖然是三口之家，可是她覺得自己在家庭中的地位，不過是一個洗衣做飯的女人，而不是一個妻子和母親。

她決定改變，她不希望自己變成以夫為天的女人，即便在不知不覺中她已經這樣生活很久了。她開始努力參與家庭生活，她開始留意米的價格和品質，她開始研究自助旅行，她開始關注各種小細節，她累積了足夠的信心去做一個又一個決定。後來，她和丈夫長談了一次，原以為對方會極力反對，沒想到丈夫說：「我等這天等了好久，現在也該讓你知道柴米油鹽到底有多累人了。」

如果你習慣依賴別人，習慣讓別人幫你做決定，那麼你會愈來愈沒有主見，也會愈來愈沒有存在感。一個沒有存在感的人，他的喜怒哀樂不會有人關心。**不想被人無視，就要獨立自強**。你要學著自己去判斷、去分析、去決定，不管對錯，至少你要先從別人的庇護中獨立出來。從此刻開始，努力做一個有主見的人吧。記得你是會思考的人，不是別人手中的扯線木偶。

CHAPTER

2

心智自由：

你能接受讓別人主宰你的一切嗎？

對待感情，雙方都要給彼此最基本的尊重，沒有倒貼，沒有將就，才能呈現理想狀態。

別讓「陪審團」葬送你的幸福

說到「陪審團」，尤其是愛情陪審團，你可能會聯想到很多兩性節目裡，伴隨男嘉賓上場，或者一直陪伴在女嘉賓身邊的親友。他們個個站在為男女嘉賓的角度著想，對追求者從裡到外進行全面精細的觀察和審問。包括那些精通男女情感的專家也加入這個行列。他們帶著過來人的經驗，用「專家級」的眼光，為當事人進行全面剖析，他們言辭犀利、論據充足。

不可否認，有時候「親友陪審團」考慮得非常全面和實際。「專家」的話也不是沒有道理。兩相夾擊之下，當事人一陣腿腳發軟，頭昏眼花，最後做出一個符合大部分人願望的決定，看起來皆大歡喜。也常有當事人放棄決定，黯然離場，結局充滿了惆悵。

節目只是節目，並不一定就是最後的結果，但卻是現實生活的縮影。

小琪是一名公務人員，長相雖然不亮眼，但是很耐看，很有女人味。再加上她有幾分才氣，常常在報紙上發表文章，因此她的異性緣還算不錯。然而，總見感情開花了至今卻沒有修成正果，眼看三十歲了還是一個人。

大家都說小琪眼光高，其實真正的原因不在此。她曾經交往過幾個男朋友，其中一個對象交往了一年多，兩人情投意合，各方面都很合適。小琪見過了對方的父母，他們相當滿意。可是小琪把男友帶回家見自己的父母之後，卻出現了問題。

起初，小琪的父母對她男友的長相、談吐、風度都很滿意，一問到職業，小琪父母的態度就冷淡了。小琪男友在一間私立大學教書，所以不是鐵飯碗。小琪的媽媽覺得不保險，便不同意兩人在一起。小琪花了好長的時間也說服不了老媽。從小到大，她都是乖乖女，不想忤逆父母，最後只好和男友提分手。後來，小琪聽說男友和她分手之後，馬上找到了新女友，兩人結婚後去了美國。她看著人家幸福的背影，不禁黯然神傷。

按理說，在這樣婚姻自由的時代，小琪的悲劇不應該發生，可是實際上，這樣的事情並不是少數。導致悲劇的原因，除了「陪審團」，故事主角自身也是原因之一。生活中，有很多像小琪這樣的人。從小生活在一個衣食無憂的環境裡，父母幫他們安排好了一切。他們也習慣聽從父母和長輩的話，這也讓他們獨立處理事情的能力變得很差。長大之後，沒有意識到這一點，仍然保持被動選擇的習慣，對於生活沒有自己的主見，對事物也沒有判斷力。其實，對他們來說，「陪審團」一直都在，只不過成員更換罷了。

小藝是一位空姊。她在工作中認識了一位年輕的商人，那人三十歲出頭，已經有千萬資產，為人既有風度又穩重。兩人互有好感，戀情穩定地發展著，自然到了論及婚嫁的階段。小藝把這件事告訴幾個平時要好的姊妹淘，請她們出出主意，替自己把把關，看看這個人能不能託付終身。幾位朋友紛紛說了自己的看法。好友小蘭以自己的經歷提醒，勸她想好想滿，商人都半很狡猾，有錢的男人也多半不可靠，像她這樣的女孩子要做好以後吃虧的準備。小藝聽了滿臉驚訝，但是又覺得小蘭的話有幾分道理，於是內心慢慢地動搖了，最後兩人分手。分手後，小藝也交了幾個男朋友，這時候才覺得還是他最好，可惜一切已晚。

生活是我們自己的，「鞋穿在腳上，舒服不舒服只有自己知道」。每個人對事物的認識不一樣，看世界的角度也不相同。親友的觀點並不一定適用你的人生。因此，「陪審團」的話要聽，更要慎聽。千萬不要讓「陪審團」葬送你的幸福。

別小看自己，也別高估別人

大飛是一個性格內向的理科男，他不善言辭，更不懂討女孩子的歡心，三十多歲了還是單身狗。眼看著跟大飛年齡相仿的人都相繼結婚了，家人和熱心的同事都為他著急，便東奔西走幫他張羅相親的事。

有一次，同事幫大飛介紹了一位女孩。大飛忐忑不安地去相親，對方是一個古靈精怪的小姐，個子比較嬌小，看起來小他個四、五歲。大飛心想，自己是名校出身，長相中上，收入也不錯，追到這個小女孩應該沒有問題吧？於是，大飛一掃平日木訥的樣子，放鬆地跟她往來。

兩人交往了半個月之後，女孩坦率地跟大飛說，他們不太適合，還是做普通朋友比較好。大飛覺得很受傷，大概是沒想到對方會這麼直接。事後，跟幾個朋友聚餐訴苦，在場的男、女性朋友對這件事的看法，截然不同。

男性友人都說這個女生有些不近人情，女性朋友倒是很欣賞，因為喜歡就是喜歡，不喜歡就是不喜歡。明明沒感覺當然要老實說，這樣也不會耽誤對方，要是明明不喜歡還纏著對方，讓人家苦巴巴等著，那才是缺德。女性的一席話說得在場的男性無言以對，大飛也只好順勢說，她其實還不錯，只是比較直率，適合做普通朋友。

這件事過去沒多久，大飛的公司應徵新人，他一看新來的同事，差點沒暈過去，因為站在他面前的就是前女友。女孩看到大飛也很意外，但是很快地就恢復了平靜，笑著跟他打招呼，倒是大飛一直紅著臉，緊張得不得了。

不久之後，家人又介紹了一個相親對象。這次這個女孩條件非常好，家境優渥，留過學、性格開朗，為人又和善。大飛一見到對方，整個人都呆住了，覺得自己遇到了「女神」。

相親結束之後，大飛滿心歡喜地跟同事說自己終於走了桃花運。大家一聽，都為他高興，不過又充滿疑惑，那個女孩子條件那麼好，為什麼還要相親？應該早早就有門當戶對的「富二代」啊？

大飛說，對方表示自己不喜歡富家子弟，只想找個踏實的人過日子。聽到這席話，男同事都說大飛走狗屎運了，好羨慕。女同事則面面相覷，覺得那位女孩是在找「備胎」。不過看到大飛紅光滿面，到嘴邊的話又吞了回去，說不定那位女孩是「真女神」呢，不能因為一時嘴快毀了大飛的好姻緣啊。

自從和「女神」認識之後，大飛像是換了個人，每天都精神抖擻，化身「忠犬」，「女神」電話一召喚，他就飛奔過去，幫忙提包包，刷卡付錢，眉頭都不皺一下。過了幾個月，大家聽大飛說和「女神」相處得不錯，就起哄要他帶「女神」出來見見親友團。大飛樂陶陶地去邀請「女神」，結果對方今天推明天，明天推後天，實際和大家見面，已經是半個月之後。

聚餐那天，果然如大飛所言，女孩長得很漂亮，完全就是女神。

一個朋友說：「大飛，快介紹給大家認識啊！」

結果大飛還沒開口，女孩先說話了：「你們誤會了，我和大飛只是普通朋友。」

此話一出，大家都愣住了。大飛的臉色有些難看，但還是苦笑著說是普通朋友。

幾個朋友面面相覷，普通朋友？那你憑什麼讓大飛三更半夜打電話哄你睡覺！憑什麼要大飛陪你逛街，要他穿越半個城市排隊買點心！憑什麼花他的錢你連眉都不皺一下！最重要的是，既然是普通朋友，為什麼暗示大飛你喜歡他！大家紛紛表示，長這麼大沒遇到過這樣的普通朋友。

這次聚餐後，朋友們都勸大飛，對方明顯把他當備胎，根本不是真心。大飛說，對方那麼優秀，怎麼可能看上他，能把他當普通朋友已經很難得了。這句話一說出口，大家紛紛感慨，恨鐵不成鋼呀。

就在大家都為大飛著急的時候，情況出現了大轉折。大飛的前女友居然倒追大飛，很快地兩人就情投意合。女孩說，經過這段時間的觀察和相處，她發現大飛其實是一個很可靠的男人，只是沒有戀愛經驗，才被那個「女神」擺了一道，但是對她來說，她不想錯過這個男人。至於那個「女神」，在大飛有了新交往對象之後就銷聲匿跡了，因為女孩為了守護愛情，直接找那位「女神」說：「如果你確定要和大飛結婚，我立刻退出。如果沒那個心，就趁早離開。」結果「女神」還真的走得遠遠的了。

張愛玲說：「遇見你我變得很低很低，一直低到塵埃裡去，但我的心是歡喜的，並且在那裡開出一朵花來。」

我覺得上帝給予我們平等去愛的能力，而愛所祈求的唯一禮物仍然是愛，所以在兩人的感情世界裡，最溫暖如初的愛情，應該是平等相愛，愛慕對方的同時，更要好好地做自己，感情裡從來就不該存在著你高我低之說。

感情這種事，是最不容易拿捏的，有時你覺得手到擒來，最終卻失之交臂；有時你一味迎合，最終卻形同陌路。對待感情，雙方都要給彼此最基本的尊重，沒有倒貼，沒有將就，才能呈現最理想的狀態。

這個世界沒人欠你，你也不欠誰

這世上沒有人欠你什麼，也沒有誰理所應當要對你好，所以諸事不順的時候，別只會怨天尤人。不管他人與你的人生如何糾纏交錯，你的人生始終是你自己的。既然是你自己的，你就要自己做主，也要為自己負責。別人不欠你什麼，所以你要習慣別人對你說「不」。

每年到了三、四月，各種就職招聘會如同雨後春筍般冒出來，不管是公車上、捷運上，還是街上，都可以看到準備找工作的畢業生。因為我住的地方離一個大型招聘會的會場很近，因此有時求職的朋友會過來借宿。有一次來的是一個快畢業的女孩，是透過我母親介紹來的，說是一個遠方親戚的親戚，反正沾親帶故的，要我幫忙多多照顧。

既然是同鄉，而且還有點親戚關係，那就沒理由拒絕。反正我那裡還有一間客房，收拾整理一下比去住小旅館好多了。拿到女孩的電話之後，我先和她聯繫了，女孩在電話中吞吞吐吐地說，她第一次去北京，問我是否可以去火車站接她。我看了一下行程表，剛好那天有個會，實在沒空，就請她自己坐車到我家附近。掛上電話之後，不一會兒我媽打電話過來了，她說人家女孩子頭一次出遠門，要是走丟了怎麼辦？

我當時心想，都大學快畢業了，就算是陌生的地方也應該知道怎麼走啊，怎麼可能走丟？結果我媽一聽火了，舉了幾個女大學生坐計程車失蹤的例子，嚇得我冷汗直流，覺得要一個女孩家自己過來的確不太妥當。向我媽保證之後，我又給女孩打了電話，告訴她當天會去火車站接她。電話那邊，女孩明顯心情轉好，聲音裡都帶著笑。

那天，我頂著壓力向老闆請了半天假。在地鐵裡擠了半天，總算是到了火車站。

因為事先看過照片也約好了碰面的地方，因此很順利就接到人。女孩叫小月，有些怯生生的，叫了我一聲「姊」便不說話了，看來有些內向。坐計程車回家的時候，我問她想找什麼工作，她一臉茫然，說是先投履歷表試試看。好不容易回到家，放好東西之後，我便帶著她去吃飯。

回家之後，我把電腦讓給她寄履歷，我去自己的房間看電視。晚上九點多，小月敲了敲我的房門，請我教她寫履歷表。我有些詫異：既然要找工作，履歷應該之前就做好了啊，怎麼現在才做？不過，既然她都這麼說了，我自然要幫忙看看。

打開她自己做的履歷表，怎麼說呢，雖然是簡歷，但是平淡無味。我並不是指格式，而是她寫的內容。需要強調的專業技能和社會經驗寫得非常簡略，而且不一定填的戶籍之類的，又寫得太多了。跟她說要怎麼改之後，小月睜大了眼睛一會兒看我一會兒看電腦，一副無從下手的樣子。沒辦法，我讓她站在一邊，自己坐下來幫她修改。折騰了半天，總算是弄得差不多了。看著她哈欠連連，我就讓她先去洗澡早點睡。

小月拿著衣服走進浴室，我站起身忽然意識到，她沒跟我說「謝謝」。不僅是剛才，我從火車站回來一路幫她提行李，又帶著她去吃飯，她都沒說。我覺得有些彆扭，因為我自己是一個習慣向人道謝的人。不過一想到她終究是孩子又太內向了，再說我身為「姊姊」，幫幫她也沒什麼，要是跟計較她這個，反而顯得我太小家子氣了。這麼一想，我也就釋懷了。

第二天一大早，我還在做夢，就聽到敲門聲。拿著手機一看，才早上六點多。迷迷糊糊打開門，小月已經站在門外了，問我可不可以陪她去聯合招聘會。我說：「招聘會就在這附近啊，你出門左拐一直走就到了。」她咬著嘴唇不說話，明顯不是因為找不到路才叫我的。我看她那個神情，只好認命，換衣服洗漱。以前我還有聽過有父母會陪著孩子去面試，沒想到我三十歲不到就能過過家長癮了。

帶著小月吃完早點又帶著她列印了履歷表，我們直奔招聘會。我看了一下時間，才早上七點半，其實還早，一般聯合招聘會九點多才會正式開始。不過，小月顯得非常著急，尤其是看到場外已經有不少人排隊，便不耐煩地說：「不該耽擱那麼久的。」

話裡話外，竟有幾分埋怨我的意思。我有些哭笑不得，這還怪我了，就算六點就站在這裡等，會場也不會開門啊，還不是要白白等幾個小時。好不容易等到會場開門，我望著滾滾人潮，對她說：「你自己進去好嗎？我在外面等你。」小月勉強點點頭進去了，我在旁邊的小公園等她。

之所以不陪她進去，是因為聽以前求職的朋友說，裡面人多到水泄不通，根本不是自己在走，而是被人擠著到處飄。即便我陪著進去了也幫不上什麼忙，還不如在外面等。

臨近中午的時候，接到快遞電話，我需要回家取件。因為不知道小月什麼時候出來，這裡離家又近，我便先回家一趟。我才剛放下東西洗了把臉，小月的電話就過來了，我剛接通，她便問我在哪裡，我說在家，馬上過去接她，她語氣生硬地說自己回來，之後就掛了電話。小月回來之後，似乎心情不太好，吃飯的時候也不說話，問她面試的結果，她也愛理不理的，我有些生氣，她要是我妹，我早就訓她一頓了。不過，想想她也不過是剛出校門的學生，人生地不熟，何必和她計較。

第二天我醒來時小月已經出門了，想來應該是去招聘會了，我也沒在意。想到她遠來是客，之前我們都是在外面吃飯，週末乾脆做些好菜等她回來了一起吃。可是我沒想到的是，直到下午五點多了，小月還是沒回來。一般五點多，招聘的公司單位都收拾東西離開了，找工作的人也差不多都走了，小月就是面試了好幾家也該回來了啊。我有些急了。忙著打電話找小月，可是打了好幾通，就是沒人接。這下我真的急了，什麼「傳銷」、「綁架」、「詐騙」之類的，全湧了出來。要是小月真的出了什麼事，我怎麼向她父母交代啊？想到這裡，我馬上鎖門就往招聘會跑。

招聘會那裡人都散得差不多了，只有幾個清潔人員在打掃會場。我一邊裡裡外外找人，一邊打小月的電話。這次倒是接通了，小月的聲音傳過來的時候，我才覺得心落了下來。我問她在哪裡，她說在招聘會遇到同學了，正一起逛街，待會再回去。我問她怎麼不接電話，她說電話放在包包裡沒聽見，之後又說了幾句就掛了。

那天小月回來之後，手裡拎著大包小包，臉上帶著笑，看樣子玩得很開心。吃飯的時候，我跟她說：「以後要是去哪裡，先跟我說一聲，不然我會擔心。」她有些不以為然，笑著說她都認識路了，不會走丟。之後的幾天，我都忙著上班，小月不是在家上網丟履歷，就是跑各種招聘會，不過一直沒有進一步面通知。她有些不安，自信心似乎受了打擊。我告訴她耐心再等等，因為從投履歷到談通知，總是需要點時間。

轉眼間小月已經來了一個星期了，面試了幾家公司，都不是很滿意。這天她對我說要回學校了，我問她：「要不多待幾天，乾脆把工作確定了再走。」她搖搖頭說，一起來的同學都走了，她也不想留在這邊。既然她都這樣說了，我也只好幫她收拾東西送她去車站。

雖然相處得不算太愉快，但是能夠幫到家鄉人，我還是覺得很高興。但是，我萬萬沒想到的是，我和我媽通電話時，我媽說小月的家人怪我怠慢了她，說如果我用點心，小月也不會急著離開，說不定早就找到工作了。甚至還說，既然大家都是同鄉，妹妹過去找工作，做姊姊的就應該多幫她打聽打聽。

掛掉電話之後，我心裡很不是滋味。我很想告訴小月，這個世上，沒有誰非得對你好。捫心自問，我覺得自己已經盡力了。誠然，我比不上她的家人，可是，我也不是她的家人。我不欠她什麼，對她也沒有任何責任。即便我不收留她，不幫助她，也並沒有什麼不對。

也許，你也習慣了身邊的人對你好，你習慣了同學每天幫你占位子買便當，你習慣了父母為你操勞付出，你習慣了這個社會對學生、對年幼者的各種包容和照顧……可是，你不能視為理所當然。或許別人對你好，並沒有期待你的回報，可是你也不能覺得是他人應盡的義務。這個世界不欠你什麼，你沒有資格挑剔別人對你的付出。

當你目睹別人集千萬恩寵於一身，你是否羨慕命運之神對他的垂青？當你對別人提出要求，而對方無法幫你的時候，你是否怨恨別人鐵石心腸？當你因為能力不足不得不拒絕別人的求助，你會不會好幾天都為此而悶悶不樂？如果你的生活經常出現以上情況，那麼你應該自我警惕：你很有可能無法正確看待人與人之間的對等關係。

當你抱怨別人對你不夠好的時候，不妨自問一句：對方憑什麼對我好。這個世界誰也不欠你什麼，你也不欠別人什麼。我們都是社會上的獨立個體，或聚或散，就像大自然裡的兩條直線，或相交或平行。當緣分到來，兩人聚在一起，有收穫是驚喜，沒有收穫是應當。

所以，**當別人要求你做事的時候，你不一定非得點頭，因為你不欠別人。當你要求別人幫忙的時候，別人也可以拒絕你的要求，因為他不欠你。**

聖潔的梅花並不需要主人將其放溫室裡面，只是獨自在牆角暗吐芬芳；石竹甘於生長在險峻峭壁中，並不自怨自艾。人生如一場歷練，若有能控制自己內心欲望的能力，自然能活得瀟灑自由，獨善其身是最舒服的人生狀態。

與其假裝淡定，不如正向面對

自從電影《十全九美》中的那個管家不斷提醒，做人要淡定之後，「淡定」這個詞，逐漸成為備受人們推崇的一種心態。

以前，我很崇拜淡定的人，或許是我自身的性格比較急躁，我覺得淡定的人似乎能忍常人之不能忍，他們總是那麼不急不躁，平平靜靜，似乎對一切都了然於心。這樣的人，如何不讓人崇拜呢？

可是，後來我漸漸發現，除了少數真正淡泊名利、心胸寬闊的人，多數的「淡定君」不過是偽淡定。表面看起來很淡定，但是這種淡定不過是一種虛偽的自我安慰。

同事A小姐，就是一個表現得非常淡定的人。

都說八卦是女人的天性，工作閒暇之餘，女同事們多半喜歡聊八卦。有時候聽到某些隱私，一群女同事低聲驚呼，A小姐則表現得非常淡定。她從不說別人的閒話，偶爾在一旁聽，也只是當個安靜的聽眾。在我看來，這是非常好的品性。

另外，A小姐那種淡泊名利的品行也讓我很欣賞。比如，平時公司裡有什麼福利品，其他同事都是一擁而上，她則是淡定地站在一旁，等到大家挑剩下了才上前。既然是剩下的自然沒有什麼好東西，不過她卻是一副全然不介意的樣子，至少沒有像其他沒選到好東西的同事那樣，露出難看的臉色。

和她熟悉之後，我發現她性格溫和，很好說話，平時請她幫忙，她都會答應。我愈來愈喜歡她，覺得她是一個很直爽、很講義氣的人。這樣的女孩子，簡直就是可遇而不可求的益友。

可是隨著接觸次數增多，我發現A小姐經常吃虧。比如，有一次公司明明要升她為優秀職員，之後薪水也會跟著大幅調漲，就在我打算恭喜她時，公司裡另外一個老職員吵著要爭那個名額，因為是多年的老員工了，老闆也不好丟老員工的面子，只好私下跟Ａ小姐說這次先把名額讓出來，下次再幫她補上。這件事要是發生在我身上，我肯定沒有辦法忍受，可是Ａ小姐就像什麼事都沒發生一樣，沒有半句抱怨就同意了。這也讓我再次感嘆她的大氣度，可是即便這樣，我還是有些擔心。因為職場競爭激烈，如果這次輕易妥協了，那麼下次老闆還是會找她這種軟柿子捏。

我明裡暗裡跟Ａ小姐提過這事，她也只是淡淡地說只想安安心心工作，不想因此而得罪人，一旦得罪了人，就算保住了那個名額，說不定以後對方會找你碴。我仔細一想也是，好歹也要像成熟的職場人那樣思考問題，不能太莽撞。可是公司的其他年輕同事，似乎並沒有這方面的顧忌，坐我隔壁的小然也遇上了Ａ小姐這樣的事，不過她可沒那麼好說話。當老闆試圖說服她時，她斷然拒絕了，並聲稱那是自己的權利，如果誰想要就等下次。

雖然小然態度強硬，那個敗興而歸的同事也沒找她碴，一方面小然脾氣大、工作能力強是眾所周知，也沒多少人願意和她正面衝突，另一方面對方雖然是老員工，但是業績一般，還做不到壓迫別人。這麼觀察下來，我還是隱約覺得A小姐似乎太謹慎了，將職場想得太過刀光劍影了。

之後，A小姐又遇到了幾次類似的事，她每次都是一副不太在意的樣子。一些有心計的人發現了她這個特點，故意把很多事情推給她，因此，她的工作量變成最多，而收益卻愈來愈少。我有些看不過去，直接約她出來，要她別那麼淡定，別那麼好心了，再這麼下去以前不欺負她的人也會開始欺負她。

A小姐臉色很難看，她一改以前風輕雲淡的模樣，低頭咬著嘴唇，憤怒地對我說：「你說得好聽，說什麼別人會欺負我，你自己難道不是也這樣嗎？」我訝異地睜大眼，不解地看著她：「我沒有做過那樣的事啊！」A小姐說：「你每天都要我幫忙買早餐，我已經幫你買了兩個月了，你這樣不是欺負我嗎？」我張口結舌，有些吃力地說：「如果你不想買，可以一開始就跟我說啊！因為你從來沒有表現過不滿，所以我以為不會太麻煩。」

她搖頭苦笑：「那種話我怎麼說得出口，不管有什麼不滿，我都沒有小然那種勇氣和人撕破臉。我只能安慰自己，吃虧是福，吃一時虧，避一世禍。可是，我還是不甘心，憑什麼我的東西就那麼好拿，憑什麼我都退到這種地步了你們還不知足。」

我沉默了一會兒，對她說：「就是因為你一直退，才給他人得寸進尺的機會，如果你不假裝毫不在乎，如果你從一開始就把真實的想法說出來，別人也不會這樣做。或許在你眼裡，我們都是惡意的，可是我可以向你保證，我請你幫忙，並沒有利用你的意思。如果你當初直接告訴我你不方便，我也不會怪你，我反而會跟你道歉，是我自己考慮不周。大家都沒有窺心術，如果你不說出你的不滿，大家看到你不在乎的樣子，只會覺得你是真的不在乎。如果你能大膽一點打開自己的心房，我想你以後在公司應該會有正常的人際和更好的發展吧。」

不久之後，A小姐辭職了，希望她以後能成為「快意恩仇」、不故作淡定的人。

生活中有不少類似A小姐這樣的人，遇到任何事都是一副氣定神閒的樣子，你以為她臨陣不亂、臨危不懼，其實她只是脆弱不敢面對，只好用淡定寬慰自己。

做人應該堅守住自己的底線，應該維護自身利益，絕不能退讓，不給恃強凌弱的人任何欺侮自己的機會。只有先看得起自己，別人才會看得起你。

跟妥協唱一次反調，局面也不會變糟

我的朋友林芸今年二十七歲，一個人在外地工作，暫時沒有戀愛結婚的打算。她自己沒有這些想法，可是家裡人卻替她著急，輾轉托親戚幫她介紹了一個相親對象。最初接到電話的時候，林芸想婉拒，可是母親告誡她要顧及親戚的面子，至少先聯絡一下再說。就是因為第一次的妥協，帶給林芸無窮無盡的麻煩。

為了應付母親，林芸還是和對方聯絡了，並且將自己的立場說明了。對方聽了之後，近半個月沒和林芸聯絡，林芸稍微鬆了口氣，以為這件事就這麼過去了。可是，對方母親一狀告到林芸的親戚那裡，指責她態度冷淡，不理人。林芸的母親便打來電話對她數落一通，讓林芸很苦悶，不得不回老家一趟。母親見狀，以為林芸開竅了，就勸她跟「相親男」見上一面。不管林芸怎麼強調「相親男」和她不合適，母親還是堅持要給媒人一個臺階下。最後林芸妥協了，這是她為了這件事情第二次妥協。

出發前，林芸一再跟母親說只是去應付一下，別抱太大的希望。母親口頭上雖然答應，但是真正見面，又發生了變數。母親對那個「相親男」很滿意，一直示意林芸和對方交往，林芸被逼得心煩意亂，最後只好敷衍了事。回到工作的地方，遠離那個環境之後，她輕鬆了不少。可是一想到回家過年還會被逼迫一次，她就頭疼。幸好離過年還有好幾個月，她想著說不定還有變數，也沒將這件事放在心上。

之後又過了兩個月，老家忽然來電話，因為對方又回老家了，想要到林芸工作的城市來看看她，林芸的家人沒跟她商量就直接答應了。林芸為此很火，因為她正是忙的時候，而且她實在不想見到對方。可是家人已經答應了，她也不好再說什麼，只好再次妥協了。

很快地，男方找到了林芸工作的地方，兩人隨便聊了聊。對方忽然說想結婚，問林芸的意見。這讓林芸感到莫名其妙。事實上，以她的理解，兩人根本就不曾交往，也算不上熟悉，突然說這種話，也實在太不妥當了。這次林芸直接跟對方說，自己暫時沒有結婚的打算，請對方趕快找別人吧。

送走對方之後，林芸長呼了一口氣，她覺得這場拉鋸戰算是正式拉下帷幕了。她努力讓自己平靜下來，跟家人詳細解釋了自己拒絕的原因，家人也表示理解。可是第二天，家人又打來電話要她再考慮考慮，言辭之急迫，讓她完全說不出話來。家人的勸導，她根本聽不進去了，而她的自辯家人似乎也不放在眼裡。

這件事縈繞在林芸的心頭，她總覺得心很慌，就約我出來談心。她滿面愁容地對我說，她努力堅持自己的立場，但是不知道最後會不會像前幾次那樣妥協。這也是我擔心的一點。她並不是立場太堅定的人，而且心太軟。如果這一次還是動搖的話，說不定就把自己的終生幸福賠進去了。

如果她從一開始就堅決拒絕，後面的麻煩就不會像滾雪球一樣愈來愈大。事實上，一次動搖就已經亂了陣腳，一次妥協就已經在原則上撕開了一道缺口。之後，她忍耐的底限將會不斷地被放大，原先她打算絕對不動搖的立場，也會開始搖擺。可是這還不是絕望的時候，接下來只要堅守自己的陣地，最終還是會成功的。

不要習慣性妥協，太容易妥協會讓你變得愈來愈沒有原則，而一個沒有原則的人，很容易被別人掌握。當然，我並不是鼓勵大家和與意見不同者為敵，只是希望你可以更加**堅定自己的立場，尊重自己的想法。不想妥協，不僅要鞏固自己的內心，還要警惕糖衣炮彈的圍攻。**

一昧胸懷天下，只會讓自己不爽

以前我在出版社上班的時候，因為自己性格和善，幫主任接了不少「燙手山芋」。有時候第二天急著送檔案打樣，不得不臨時加班。本來，我們編輯部一共有四個人，不久前有位同事辦理移民離職了，另一位是快退休的老編輯，當然不能讓他陪著年輕人熬夜了，還有一位跟我年齡差不多的女編輯，因為剛生了小孩，一到下班時間就歸心似箭，哪裡還有心思加班？所以，每次只剩下我一個人伴著寒燈加班。

其實，一次兩次也無所謂，但要命的是，這樣的事非常頻繁。有時候，我也暗自發牢騷：「為什麼主任每次都要我留下來加班？」可是，每次我都被自己說服了：「一個是長輩，一個家有嗷嗷待哺的嬰兒，我就當是做好事了。」

後來出版社業務增多，我的壓力也愈來愈大，加班更是家常便飯。其實，我老公也在家裡等著我回家做飯，那段時間孩子也沉迷於電腦遊戲，成績退步了……我猶豫著要不要把自己的苦衷和主任說，但是每次話到嘴邊又嚥了下去，心裡暗自思忖：「幫主任，也是在幫自己呀……」於是，為了工作我不得不吞下苦水。

最後，我實在無法忍受工作壓力就跟主任提了，希望能減少加班。可是，主任微笑著把我的建議駁回了：「能者多勞。你的業務能力強，就多幫忙做點工作吧。再說，每次派給你的都是急事，交給別人我也不放心呀。」

於是，我就被三言兩語打發回來了，依然過著加班的日子。

當我一次又一次踏著月光回家時，老公終於忍不住了，對著我大吼：「別把自己當超人，也別以為自己是救世主。我看你能撐得了多久？」我望著愈來愈黑的夜色，無奈地嘆了口氣。

那段時間，我心力交瘁，工作對我來說，是一種負累。這樣的日子過了差不多半年，有一天主任又要我加班校對新書，我忍無可忍，直截了當地表明自己的想法：

「主任，我今天真的不能加班了。孩子的班主任給我打了好幾次電話，說他成績都退步了，我得多花些時間在我兒子身上。」

「就這一次。前不久出版社不是公開表揚你嘛？」主任的糖衣炮彈又來了。

「不行，我現在只能做自己分內的工作，額外的事情，您再別要求我了。」不等主任說完，我順手拎著包包回家了。

那天，主任和另外兩個編輯加班把事情搞定了。幾天後，編輯部來了兩個新同事。人力夠了，我再也沒有加班了，又恢復到以前按時上下班的正常生活。

其實，這是我職業生涯中的一段小插曲。相信很多人和我一樣，都當過職場裡的「老好人」。現在回想起來，我會問自己，為什麼我當下不懂得拒絕，是什麼理由讓自己一次又一次做了那麼多額外的事情？

其實，牢騷歸牢騷，但是每次都被自己說服了。理由無非是做做好事，給人方便吧。總以為自己要為天下擔憂，總以為自己忍辱負重。胸懷天下的人會臨陣退縮嗎？

忍辱負重的人會斤斤計較嗎？

這都是我們自己鑽進了一個榮譽和道德的陷阱。該拒絕的時候就要拒絕，該說「不」的時候就要說「不」。這個世界上，不管誰離開了，地球都會繼續轉動，你其實沒有那麼重要。

所以，我們應該對自身的能力有正確的認識，這樣才會不顧此失彼，活出自我。**人生是一場沒有返程的旅行，要想欣賞更多的沿途美景，就不要因為心存「憐憫」而耽誤時間**。這一點想通了，前面的路就通了。思路決定出路，方向決定方法。當我們逃脫思想上的陷阱，就不會成為別人利用的獵物。

不懂拒絕，你就等著被煩死

對很多人來說，前方有千軍萬馬也不足以讓他們後退，可是簡單說一句「不行」，卻讓他們臉色驟變。因為他們不敢、不願意、無法說出拒絕的話，他們只好耗費自己的時間和精力去履行別人的義務。

我的同事小張，就是一個不懂拒絕別人的人。每到下班時間，公司裡其他人都會馬上離開，他們要回家接孩子，要回家做飯……至於還沒完成的工作，他們通常會找小張幫忙。

有好幾次，我下班的時候小張還在辦公室加班，雖然我知道她下班後都是直接回家，沒有什麼約會，但是小張住的地方離公司很遠，坐公車差不多要一個半小時。為了省錢，她住的地方很偏僻，房租雖然便宜，可是治安還是令人擔憂。如果太晚回家，對一個女孩子來說的確不安全。好幾次我跟她說別幫別人加班，她總搖搖頭，說都是同事，別人拜託了，不好意思拒絕，而且多做一點自己還能學到東西。既然她這樣說，我也不好說什麼。

直到有一天，小張因為加班很晚回家，第二天上午十點多才到公司。遲到一次，別說要扣全勤獎，還會扣薪水。小張向來節儉，生活也是精打細算，在我看來，她會遲到根本就是太陽打西邊出來。中午吃過飯，我去辦公室找她，一問才知道她昨天回去包包被搶了。人倒是沒受傷，報案之後回家嚇得一晚上不敢睡，所以才會遲到。

要不是留下來加班，她也不至於那麼晚了人還在外面。我有些生氣，要她以後下了班就走，她每天幫別人影印文件、打字的工作，能從裡面學到什麼？小張只是笑笑不答。我決定和她好好談談。

把小張叫到一邊，我問她：「來公司有沒有自己的打算，有沒有想過升職？」她點點頭。我又問她：「既然想往上爬，那是不是業務要更熟練一些，掌握更多的技能？」她也點點頭。然後我問她：「你從每天做的那些事裡學到什麼東西嗎？」她承認學的不多，但是又說日積月累，終究會用到。我頓時哭笑不得。

之後的日子，小張依然每天忙碌，有時她也會抱怨別人一直指使她做這做那，讓她覺得很煩很不舒服。但是我沒有再勸她。如果她自己沒有辦法拒絕，那麼沒有人能幫她解決這個煩惱。

其實我們和小張一樣，很多事情，我們自己也不願意做。但是當別人請你幫忙的時候，你不想拒絕，只好自我安慰，告訴自己予人玫瑰，手留餘香，告訴自己這是禮尚往來，告訴自己人際關係多麼重要，將來某一天或許會發揮不可思議的作用。這些想法都沒錯，可是不要忘了，「玫瑰」有尖銳的刺，不小心會刺到自己！**人際關係之所以能發揮作用，是因為對方看重你。如果你不懂拒絕，別人只會覺得你好利用。**一個習慣利用你的人，一個輕視你的人，未來真的會提攜和幫助你嗎？

你有自己的生活，你有自己的目標，如果總為別人的事情耽誤自己的光陰，那就是得不償失。為什麼不拒絕？憑什麼不拒絕？你不是誰的奴隸，如果那點可憐的臉面阻礙了你的進步，為什麼不把它撕破？

除了不忍心拒絕別人，還有無法拒絕的人，有時是親人，有時是上司。親人的請求是最難拒絕的。而上司請你幫忙，識相的人都不會拒絕。不過，即便如此，你也不能完全來者不拒。每個人都應該有自己的底線，什麼樣的忙該幫，什麼樣的事不該答應，心裡要有分寸。

我讀大學的時候，有一個室友非常看重家人，因為母親去世得早，她非常疼自己的弟弟，不管弟弟要什麼她都極力滿足。那時，她一個月生活費才幾千多塊，還要每個月給弟弟零用錢。每次她弟弟來電話，我們都知道她又要囊中羞澀了。

她弟弟要錢的理由很多，學校要交錢啊，要買參考書啊，或者乾脆說要去玩電動遊戲，可是她從來沒有拒絕過。我們都跟她說不能這麼慣著弟弟，可是她怎麼都不聽，一直說弟弟可憐，當姊姊的應該照顧弟弟。因為她的寵溺，她弟弟老泡在網咖裡，成績很差，最後早早就輟學了，又不去找工作，只想著讓她養。

大學四年，高中時期土氣的女孩都蛻變成美麗的樣子了，只有她，年紀輕輕就顯老了，因為她除了上課，都在兼職賺錢給弟弟花。她付出了這麼多，最後得到的是什麼呢？一個沉重、壓得她直不起腰的負擔而已。

有些拒絕必須說出口，因為你不說，也許就是害了對方。如果我室友對她弟弟嚴格管教，不對他那般百依百順，現在他們的情況應該會發生很大變化吧。

有一些拒絕，你不說，就是害了自己。多數的人都不會拒絕上司的請求，可是如果是違背做人基本原則、違法的事情、不符合道德的請求，你也不拒絕，那麼就是挖坑給自己跳。**拒絕，需要很大的勇氣，但是適當的條件下還是要嘗試，別給自己放棄自我的理由，也別給他人得寸進尺的機會**。

CHAPTER

3

認同自己：

沒有人能拿走你說「不」的權力

尊重自己的本性。有缺點沒關係，別刻意為了改變而改變。發自內心重視自己，看清自己的價值，珍愛與眾不同的自己。

過自己的生活，不用看他人臉色

很多人喜歡把眼光投向外界，追逐自己想像的美好事物，而忽略自己的本性。有時，他們還會被外界所牽絆，不得不偽裝自己，改變自己，直到最後迷失了自己。殊不知，人生最美好的事情，就是活出真實的自己。

也許你會問，怎樣才算是活出真實的自己？

高興了你就笑，難過了你就哭，按照自己的方式生活，不企圖變成任何人，接納不完美的自我。這就是活得真實。超級名模莎莎•露絲還沒正式出道前，有人問她：「你最想成為誰？誰是你的偶像？」莎莎十分篤定地說：「我沒有偶像，至少現在沒有。我瞭解我自己，我就做我自己。」這也是活得真實。

小雅是在單親家庭裡長大的女孩，性格內向又特別敏感。她遺傳了母親的肥胖體型，嬰兒肥的臉蛋讓她看起來比實際還胖。母親個性傳統，總覺著沒必要花太多錢在穿著打扮上，她一直對小雅說：「衣服夠穿就好了，沒必要一直買，也不要挑剔。」母親幫小雅準備的衣服，也多半都是男孩子穿的款式。所以，從小到大小雅很少跟其他孩子一起玩，也很少跟女同學出去逛街。她內心害羞，也有點自卑，覺得自己跟其他人都不一樣，不討人喜歡。

二十八歲那年，透過別人介紹，她嫁給一個大她幾歲的男人。婚後的生活，並未讓她有所改變。丈夫一家人都很好，每個人都自信樂觀。小雅試著融入他們的生活，可是她做不到。家人為了讓小雅變得開朗一點，積極地做每件事，結果都不盡人意，只讓小雅變得更加緊張和退縮。有一段時間，她甚至不願意走出臥室。小雅害怕丈夫發現自己是一個失敗者，每次跟家人外出的時候，都偽裝得很開心，結果常常做過了頭。那段日子，小雅心裡痛苦極了，失去了生活的勇氣，不知道如何跟身邊的人相處。

後來，有一件事改變了小雅。那天，婆婆跟小雅聊天，談及自己如何教養孩子，她說：「不管結果如何，我總會要求他們，保持本心。」保持本心，這四個字戳中了小雅的心。

她終於明白了，這些年為什麼自己活得那麼累，就是因為她一直試著讓自己進入一個不適合自己的模式。快三十歲了，她一直活在別人的世界裡，沒有找到自我。

後來，小雅變了。她依照自己的個性生活，按照自己的喜好選擇東西。不喜歡說話，就參加一些安靜的活動，比如瑜伽、舞蹈；喜好亮色的衣服，就買來取悅自己。周圍的人都說她變了，而她也是第一次感覺如此清醒，如此喜悅。

從小雅的故事中可以看出：幸福的人生，就是要保持自我去生活，尊重自己的本性。有缺點沒關係，但是別為了改變而改變。當然，要活出真實，就要從內心深處重視自己，清晰地看清楚自己的價值，珍愛與眾不同的自己。

不必在意別人是不是喜歡你，是不是公平地對待你，更不要奢望人人都會善待你。做真實的自己，關愛自己，不是狹隘的自私，而是一種自我實現的價值感，是真

心誠意地認定自己的價值，努力活出自己的風采。

愛默生說：「人總有一天會明白，嫉妒是沒有用的，模仿他人無異於自殺。不論好壞，只有自己才能幫助自己，只有耕耘自己的田地，才能收穫自家的玉米。上天賦予你的能力，是獨一無二的，只有當你自己努力嘗試和運用，才知道這份能力到底是什麼。」

但願，這番話可以被每個人牢記在心裡。

隱忍有限度，小心內傷

任何人的忍耐都是有限度的，一味地忍耐，到最後可能憋出內傷，或者一時想不開採取極端手段。因此隱忍要有一個限度，千萬不要將自己逼上絕路。

我的朋友小茹是一個到北京求職的女孩，為了省房租，她和兩個大學女同學合住。雖然三個人交情還不錯，但是住在一起就不一樣了。每個人都有自己的生活習慣，其他那兩個女孩比較強勢，而小茹性格比較軟弱，因此三人之間有衝突的時候，總是她在退讓。儘管避免了口舌之爭，但是小茹卻愈來愈覺得不舒服。原先只是在一些大事的處理上有分歧，後來一些小細節也讓小茹感覺不快。

小茹跟朋友們聊天的時候，總是「大吐苦水」，說她那兩個室友簡直是「奇葩」，從來不拖地，用過廚房隔了好幾天才收拾，鞋子到處亂扔……因為都是一些雞毛蒜皮的小事，多數人都認為小茹太過斤斤計較了，因此附和她的人很少，大家都勸她把心放開些，忍一忍就過去了。

大概是因為找不到支持自己的人，她便不再跟朋友們提這些事了。這樣一來，我反而有些擔心了。這些日常的煩惱，如果她找不到合適的方式傾訴，那麼只能積壓在心頭，對她的身心會造成不良影響。於是，我時不時就會和她聯絡，聽她聊聊那些煩心事。

久而久之，我發現她之所以會有那麼多抱怨，是因為她和另外兩位室友處於不平等的地位。她們的要求，她都努力做到了，但是她的要求，一開始她們還會聽一聽，之後就左耳進右耳出了，甚至有時當面拒絕。而這種時候，她也只是選擇忍氣吞聲，覺得以後相處的時間還很長，撕破臉不好。久而久之，她們大概也看出她是一個軟柿子，開始變本加厲。比如，打掃這種應該工作分攤的事情，全都推給她。

雖然只是一些小事，但是一件件累積下來，還是讓小茹難以承受。現在她一想到下班回家要面對兩個「奇葩」室友，就覺得難受。好幾次她想搬家，可是一時之間也找不到合適的住所。她跟我說，她也不知道自己可以忍到什麼時候，生怕自己失控跟室友鬧翻。

當她又跟我抱怨時，我很坦率地說：「你心裡有不滿，為什麼不直接說出來呢？你憋在心裡，她們只會覺得你活該吃虧。你又不是要和她們過一輩子，有什麼說不出口的？你以前跟我說你顧及顏面，可是人家都不顧了，你還要打掉牙齒和血吞嗎？你一直這樣忍，她們就會對你好一點嗎？你這樣只是讓自己變得愈來愈好欺負而已。」

她沉默不語，半晌才說：「我會試著改變。」我知道對她來說，和那兩個室友發生分歧是一件很糟糕的事。但我還是希望她可以嘗試一下，如果她每次都是習慣性忍讓，情緒會愈來愈焦躁，那樣反而可能引發更加糟糕的事情。

過了一陣子，小茹跟我說，那兩個室友拜託她幫忙從外面帶飯回來，她拒絕了，雖然順路，但她就是不想帶，所以拒絕了。我覺得這是一個好現象。之後，打掃的事她也不再全包了，只有每天定時清理自己房間的垃圾，至於那兩個人的，她們自己不清理，她也就當沒看見。起初那兩個室友還有些詫異，甚至擺臉色給小茹看，小茹就當作沒看見一樣。後來她們見小茹不像以前那麼好說話了，反倒沒以前那麼囂張了，也開始主動打掃了。

因為居住狀態的改善，小茹的心情好了不少，現在她已經很少「吐苦水」了。不論是和室友相處，還是工作，她一改往日的懦弱，開始大膽表明自己的立場，這並沒有給她的人際關係帶來麻煩，相反地，她因此更加自信，也更受歡迎了。

在日常的人際交往中，**忍讓或許可以解決很多麻煩，但是也會增加心理的芥蒂和負擔。如果不能及時排解，這些負能量會一點一點累積，直到不堪重負崩潰或者爆發。**到那時，或許會有更惡劣的事情發生。為了避免這種結局出現，從現在開始，學著說「不」吧。

永遠不要拒絕成長

「我的生活還有可能變好嗎？」每當夜深人靜的時候，想到一天又這樣流逝了，想到一整天都無所事事，我就會這樣問自己。

你看吧，特別收集的辦公軟體應用技巧，還存在電腦裡不曾點開；下載的電子參考文獻已經夠我看一輩子了，悲哀的是，我可能這輩子都不會看；下載的 DIY 手工藝也只是粗略看了一些，之後就丟到一邊了；想學 PS 軟體最後也沒動；甚至連收集來的各種食譜，真的實際試著去料理的也很少。每一天我都過得迷迷糊糊的，這樣我的生活還有可能會變好嗎？

其實我並不是想要一個肯定或者否定的答案，而是在提醒自己，生命一天天過去，我真正能去改變的機會並不多。第一次問自己這個問題的時候，我還會檢討或反思，如果這個問題頻繁地出現在我的腦海，其實我的心裡已經有答案了，那就是：安之若素，我的生活不可能變好了。

曾經有人說過，你如何過你的一天，你就如何過你的一生。的確是這樣，我一想到自己這輩子可能毫無成就，就有些喪氣。

可是我還年輕呀，一、兩年前，我還充滿了鬥志，對未來充滿了各式各樣的幻想。現在呢？我似乎對一切都不太在乎了，沒有目標，也就沒有鬥志。年輕人喜歡憧憬未來，因為他們的潛意識裡未來比現在好，只有我這種毫無鬥志的人才會覺得過去比較好吧；因為過去的煩惱和現今的煩惱相比，根本不算什麼。可是，我真的要這樣度過一生嗎？

我無法接受與目前一模一樣的未來，我幻想出來的「升職加薪，當上總經理，升格CEO，嫁給高富帥，走向人生巔峰」式的理想人生，像是小時候各種理想的現實版。

想想自己現在的狀態，再想到那個曾寄予厚望的自己，瞬間覺得這種未來一點也不可靠。重複的未來不喜歡，憧憬的未來無法實現，那麼我能夠想到的，就是回到過去。

可是人生有去無回。既然無法回到過去，那麼我可不可以將現在變成過去的樣子呢？我努力回想著過去那些美好的東西。最真的當然是友誼，那時那些年輕的生命，即便是悲傷也閃耀著光芒。可是那是專屬於青春的，如果我現在厚著臉皮多愁善感，應該會被笑「矯情」。過去有朋友，現在呢？現在也有朋友，可是感情沒當年深厚了。而當年交情深厚的朋友，也因為各奔東西，而失去了聯絡。幸好，我還有一顆堅強的內心來面對這一切。

現在我已經進入社會，其實有更多自由的空間去做自己喜歡的事，可是空間大了，誘惑也多了。還沒拿起書「充電」，就想起了沒追完的劇；打開電腦準備練習辦公軟體操作技巧，卻又在不知不覺間點開了臉書和 IG；週末原本要去書店，最後轉彎去了百貨公司。原來，選擇愈多的時候，失去的也會愈多。

過去還有什麼美好呢？應該是沒有太大的煩惱吧。每天需要做什麼，都已經被家長和老師安排好了，不用操心衣食住行，只需要埋首讀書就好。這樣想著，我忽然發現，我之所以羨慕過去，是因為過去的我幾乎不用承擔責任，即便有所擔負，也是微乎其微。這點認知讓我覺得很羞愧，我發現我之所以羨慕過去，不過是為了逃避當前的責任，掩飾我無所事事而產生的羞愧感。

這個認知也讓我重新思考我的現狀。我為什麼會在畢業之後覺得無所適從，為什麼會失去了鬥志，根本原因在於，指路人完成了他們的任務，而我還沒調整自己的狀態。從小到大，我和很多人一樣習慣了家人和師長的安排，因而對於自己的未來，只有憧憬，很少規劃。正是因為如此，當責任的擔子交到我手上，我毫無心理準備，因而想出各種理由為自己開脫。

回想過去，那樣的生活就真的那麼好嗎？對於思維尚未成熟的未成年人而言，那樣的安排是必須的；如果一個成年人也羨慕那樣的生活，那麼只能說這個人太缺乏獨立性，沒自信、不理性，他沒有一顆成熟的心可以面對未來。可悲的是，我似乎正在變成那樣的人。如果習慣了依賴，也許我的人生就真的停滯不前了。因為沒有人會為我規劃，我只能靠自己摸索著前進。

我必須改變自己，放下那些念念不忘的過去，因為它不再適合成年的我。我相信，只要我願意努力，去改變，未來不一定就那麼糟。重要的是，我得提醒自己，別再被惰性吞沒，每天學一點東西，我也會慢慢地成為有所長進的人。

向前衝吧，別讓自己死於一事無成

有的人喜歡炫耀自己的成功，因為這樣可以滿足他們的虛榮心；有的人則喜歡比慘，因為這樣可以安慰他們的虛榮心。愛炫耀的人不一定有自信，但是喜歡比慘的人往往是自卑的。比上不足，讓他們覺得羞憤，而比下有餘，卻能快速安撫他們。在心灰意冷的時候，如果可以遇上一個比自己慘的人，的確有人會因此而沾沾自喜。

可是，如果只比下不比上，當你發現自己成為最慘的那個人，你會感受到前所未有的挫敗感。年齡漸長，一事無成，這兩個事實讓很多人都抬不起頭來。

一事無成讓你羞於和過去的朋友打交道，因為聚在一起，即便旁人沒有炫耀之意，你也會不由自主地自慚形穢。旁人的眉飛色舞，旁人的言笑，旁人的開懷暢飲，在你眼中都能變成對自己的鄙夷和嘲笑。

因為一事無成，你對未來沒有信心。本來你心中也是有所期待的，可是又覺得如今自己的年齡和處境，想要翻身簡直就是癡人說夢。你不再年少，不敢再做夢。一事無成讓你自暴自棄，而自暴自棄讓你更加一事無成。失去鬥志的你，就這樣進入了一個死路迴圈。

因為一事無成，見到過去的朋友遇到困難，你可能會暗暗竊喜，甚至希望對方錯失機會。表面上你鼓勵和安慰朋友，心裡卻暗暗盼著對方輸。有時你會為自己生出這樣的惡念感到羞愧，可是自卑和嫉妒又讓你的惡念不時湧現。

我在微博上看到一則店家抱怨文。他開了一家小花店，賣小盆栽，因為店附近有很多公司，因此經常有上班族來買小盆栽，小店生意不錯。店家有時去店後面的小苗圃忙，店門也照開著，顧客拿了盆栽就直接把錢放在一旁的盒子裡。因為顧客都很誠信，因此店家就讓客人自己取貨付錢，顧客覺得自己被信任了，也很開心，遇到小老闆時還會跟他聊聊天。可是店家沒想到的是，後來他不在店裡的時候，竟然有人故意將盆栽裡的植物拔出來，或者摘掉花、拔光葉子，把店裡弄得一團糟。老闆沒辦法，再也不敢離開了。他不明白，自己一向以誠待人，並沒有得罪過什麼人，為什麼會有人做這樣的事。

是的，即便不曾犯過什麼錯，還是有人會找你的碴，給你搗亂，不為什麼，就是因為這世上總是有些人見不得別人好。惡意損壞盆栽的人，未必就是老闆的同行，他也可能只是一個人緣很差的人，因為自己被人無視、被人厭惡，因此憎恨那些能與他人和平相處的人。一事無成又沒有辦法調整自己心態的人，心中的惡念會慢慢地擴大。不反思自己，只怪罪別人，這樣的人這輩子都是鼠目寸光，難成大器。

一事無成真的那麼可怕嗎？你因為自己一事無成而感到沮喪的時候，是不是應該想一想，自己是不是真的毫無建樹？是不是真的一無所獲？其實，真正一事無成的人很少。所謂的一事無成，要嘛沒達到自己預期的目標，要嘛是不如他人。不如他人占的比例更高。只是因為一時不如他人，就將自己所有的收穫都否定，不利用自己之前打下的基礎追趕，而是自暴自棄，這樣的做法只會讓你的處境變得愈來愈糟糕。

每個人生都有起伏，而起伏的時間各不相同。也許你的輝煌期只是遲了一步，如果因此對自己喪失信心，那麼以後的人生只能走下坡路了。別人發展得好與壞，和你有什麼關係呢？他人發展得好，你可以羨慕，沒有必要嫉妒；他人遇到困難，你沒有辦法幫忙，也別落井下石。不管混得好壞與否，都要乾乾淨淨做人。

這個世上總有人不如你，也總有人比你強，如果比較帶給你的只有輕飄飄的驕傲自大和沉甸甸的沮喪自卑，那麼比較也就失去了原本的意義。記住，不要妄圖和別人一樣，這世上沒有兩個完全相同的人。你羨慕周遭人的光鮮亮麗，卻不知他人成功背後的辛苦付出。一個人的成功不僅需要自己的努力，還包含了天時地利人和，如果你的努力耕耘還沒有收穫，不妨等等，也許他日你不經意的一個轉身，看到的就是不同尋常的風景。

所以，**不要否定自己，不要覺得自己一事無成，如果你真的找不到屬於自己的收**

穫，那麼不如現在開始種下種子，然後慢慢地耕耘，等待結果。與其嫉妒別人，不如成為讓人羨慕的人，相信那樣會帶給你成就感。很多人在一無所獲之後，會覺得自己不如人，比別人笨，比別人差，在朋友面前抬不起頭來，但是你愈抱著這樣的觀點，愈不敢表現自己。時間久了，你就真的可能變成一個無能的人。因為能力也是需要不斷提升，你什麼都不敢嘗試，還談什麼成長和收穫！

即使你現在的境況不如旁人，也不必變得唯唯諾諾、膽小怕事，更不要因為一時的失敗，而讓心中的惡意萌芽開花。你原本可以成為更好的人，但是一旦惡念滋生，你只能沉浸在過去的失敗和現在的迷茫，對你而言再好的未來都是天上的星星。

一事無成的確讓人臉上無光，如果你總是因為自己一時的不成功而時時感到羞恥，把時間都花在自我內疚，恐怕你再也不會有時間抬起頭來，看看周圍那些你已錯過的風景。

人生永遠不嫌晚

電影《東邪西毒》裡，演員張曼玉感嘆，她一度以為自己贏了，最後卻發現自己輸了。因為在她最好的時候，最愛的那個人卻不在身邊。

在最好的時候遇上對的人，大概是很多人的夢想吧。幾天前，我看到一種新的說法：**如果遇見的是對的人，不論何時都算是最好的時光**。

想想也有道理，如果人是對的，那麼這段共處的時光自然也是美好的。有人感嘆相遇太晚，因為「君生我未生，我生君已老」，因此只能恨不相逢未嫁時。有人感嘆相遇太早，彼此還沒能成長為最好的模樣，還沒磨練出最好的性格，還沒成長為成熟的人，雖然愛，卻不懂愛。如果可以早點遇見，那麼一切會剛剛好；如果可以晚些遇見，那麼一切也會剛剛好；只要不是現在，只要不是此刻。只要不是現在這個玩世不恭的你，只要不是如今這個尚未成熟的我。可是，人生哪有那麼多好事呢？

人生真的有那麼多太早和太晚嗎？所謂太早和太晚，只是你無法相信此時此刻的自己。你覺得現在的你承受不了太重的情感，覺得現在的你擔負不了此刻的責任，覺得現在的你完成不了那些難題。歸根究柢，你只是不相信自己而已。

人們喜歡懷念過去，因為往日的艱辛在時光的洗刷下已經漸漸地模糊，而那些美好的瞬間，卻在反覆咀嚼中變得愈發清晰。人們嚮往未來，當然不會去想未來也可能有苦痛，他們想的都是自己期待的那些東西，如此甜美，即便是夢，也讓人心動。人們無視現在，因為現在的苦痛他們正切身體會著，而現在的喜悅尚未經過回味，因而也顯得格外平淡，這樣的現在，自然容易被人忽視。

事實上，不管過去、未來，還是現在，都有悲傷、憤怒、無助的時候，也有心動、喜悅的時候。時光是公平的，左右你的感受的是你的心。如果你沒有一個強大的內心，那麼你的現在也會變成一個痛苦的過去，你的未來也會重蹈如今的覆轍。**懷戀過去的自己，期待未來的自己，重視當下的自己，對你的人生而言，當下才是最重要的**。過去不能重來，未來是你現在種下的種子長出來的果實，你不能辜負過去的期待，也不能扯未來的後腿。所以，**人生最好的不是過去和未來，而是現在**。

重視現在的自己，相信現在的自己。如果你不相信自己，他人如何相信你？如果你不自重，旁人又憑什麼尊敬你？如果想要擁有更好的未來，就別一直感嘆人生的早和晚。如果你不努力，說什麼都太晚。

現在獨生子女很多，有些小孩被家人、尤其是家裡的老人家寵壞了，父母雖然覺得不妥，但是一來自己工作忙，二來也覺得孩子還小，以後長大些再慢慢管教就好了。可是真的如此嗎？很多人都說性格決定命運，而老一輩人也說三歲看到老，明明知道孩子的行為不禮貌、性格軟弱還放任他，等到真正想要管教的時候，也許就真的遲了。先前新聞報導，一個才十三歲的小男孩，因為告白被拒絕了，竟然鬧著要自殺，割了三次腕。

十多歲正是關鍵時期，如果說孩子還小以後自然懂事，那麼完全是在害孩子。今日的果，難道不是他日溺愛的因導致的嗎？如果當初不那麼慣著孩子，不那麼百依百順，讓他能夠接受他人的拒絕，那麼現在這個悲劇是不是就不會發生呢？

孩子不能縱容，對待自身也是如此。不要將什麼事情都推給未來，覺得今天不努力，明天加倍努力就好。一口氣吃不出胖子，如果你現在不努力，那麼以後也可能不會努力。人的身體狀況在進入鼎盛時期之後，會不斷地走下坡路，你的個人狀態在進入巔峰之後，會一天不如一天。

如果你覺得今天努力還太早，那麼也許明天努力就已經太遲了。人生路沒辦法回頭，不同年齡階段需要做的事不同，在合適的時間裡做對的事情，你的人生才不會浪費虛度。

不要抱怨做什麼都太遲，如果你不浪費時間，把握現在，那麼今天做，一定比明

天做效果更好。有的人喜歡縱容自己的惰性，在最該拚搏的時候虛度時光，然後不管旁人如何勸說要振作努力，他都振振有詞地回覆，一切已經太遲了。知道太遲了就應該摔破罐子嗎？擁有一個懶散的青年時代還不夠，難道你還想要一個一事無成的中年和一個窮困潦倒的老年？

從現在努力，一切都不會太遲。重點是你要對自己有信心，如果連你自己都放棄，那麼還會有誰信任你呢？

作家劉瑜說：「沒有無聊的人生，只有無聊的人生態度。」**人生最怕的不過是自暴自棄**。如果你能尊重自己，旁人或許會敬你三分，如果連你自己都看不起自己，那麼旁人一定會輕視你。

人生從來沒有太早和太晚。如果你覺得太早，在起跑線上可能就輸了。如果你覺得太晚，也可能是在放棄一個最佳的機會。如果你從現在就努力準備，那麼你的人生就是剛剛好。

在對的時間遇上對的人、做對事、走對路、不自傲、不自卑、不自輕、不自大，踏實走好屬於你的每一步，這樣你既對得起過去的自己，也對得起未來的自己。相信自己，一切都剛剛好。

努力上進，不是為了做給別人看

從幼稚園得到的第一顆小蘋果開始，到小學的好學生獎狀，國中、高中、大學一直都伴隨著我們的成績單，再到工作的業績報表，我們的表現無時無刻不被記錄著，無時無刻不被無意或是有意的比較。

從小到大我們都在接受這種教育的薰陶，所以我們在行動的時候也會有意無意地表現自己，無論是為了精神上的認可，還是物質上的實際嘉獎。

關於這種行為導致的結果，紀伯倫給了我們最好的預言，他說：「我們已經走得太遠，以至於忘記了為什麼而出發。」在這種形勢之下，我們愈努力表現自己，就愈在意旁人的看法。因而在不知不覺中，他人雜七雜八的意見無形中主導了我們的行為，而我們早已把自己的初衷丟在腦後。

作家劉瑜說：「一個人要活得像一支隊伍。」但是我覺得一個人首先要活得像他自己，沒必要刻意表現，去討好別人，只需要做好自己該做的。

你要明白，**你所有的努力都是為了讓自己變得更好，而不是單純地為了獲得別人的表揚。你的表現別人自然看在眼裡，即使你很低調，實際功績擺在那裡，誰也無法否定。**所以，無須為了刻意表現亂了方寸，甚至弄丟了自己。

我的公司裡有一個實習生，她的學歷沒有特別高，長相不是天姿國色，才華也不出眾，在美女雲集的宣傳部，她看起來平淡無奇。她剛來公司報到的時候，我便私下問過人事部同事，為什麼會聘用這樣一個普通的女生。同事當時也愣了片刻，最後模糊地說：「也許是她的眼神吧，特別沉靜，也格外堅毅，給人感覺很踏實。」

過了一段時間，這個女生也沒有出色的表現，在新人踴躍表現自己，競相展示能力的時候，她只是沉默地坐在自己座位上，從未躍躍欲試，也不會表面鼓掌心裡恨不得你出醜。當然，她的心理活動我無法看穿，但是該怎麼說呢？她給人的感覺就是那樣，正如同事說的，她的眼神讓人相信她的為人。

確實，工作中善於表現自己的人總是容易受到青睞，沒多久，與她同期進公司的一批實習生相繼提前轉正職。等到她也升正職的時候，當初那批實習生已經取得了不少業績了。不過，就我看來，她也不著急，仍舊一如既往做自己該做的事。雖然沉默，但跟同事之間也是有說有笑，謙卑熱情，非常合群，而且交給她的每一項任務，她總是做得非常好，完全挑不出什麼紕漏。

時間久了，那批新人的表現也有了非常明顯的差異。新鮮人的新鮮感過去之後，那些競相表現的實習生或多或少表現出倦怠的情緒，偶爾也會發生敷衍工作狀況。有時候請他們寫企劃案，除了拖稿，錯別字和標點符號使用錯誤，也屢見不鮮。最令人失望的還是企劃案的品質，我還記得他們第一次開研討會時妙語連珠，但是交上來的方案相比之下完全大相徑庭。對這樣的人，除了慢慢磨練，實在沒什麼好辦法，而且各行各業都存在這種情況，老闆已經司空見慣了。

相較之下，那個不常表現的女生倒是令人印象深刻。她的實習期比別人長，升正職之後的表現與之前相比，沒什麼大進步，但是也沒有懈怠，這一點十分難得。所以，如果新人有鍛鍊的機會，我一般會先考慮她。果然，她沒有讓我失望。

印象最深刻的一次，是她用郵件發過來一篇發言稿記錄。當時，公司承接了一場文化交流活動，會上參與發言的人是在民俗方面的研究學者，我們公司的任務是確保會議的前期宣傳與後期總結。在做後期總結的時候，我需要總結會議上幾位學者的發言內容，因為我後面又緊接了另一個案子，所以這次的後期總結需要儘快交上去。為此，會議開始前，我便通知她做發言記錄，並要求她當天就完成寄給我。本來主辦方有專門記錄發言的人員，但是需要三、四天的時間才能整理出來。

那天會議結束後，我在公司加班寫總結。晚上八點多的時候，她的發言記錄還沒給我，我打電話催了一下，隱約聽得到電話那邊敲鍵盤的聲音，她說自己正在寫，再過十分鐘就可以寄出。果然，不到十分鐘，我就收到了她的電子郵件，一點開查閱，內容非常精彩，令我心生佩服。

從主持人的開場白到每一位學者的發言，她幾乎一字不漏記錄了下來。我事前沒有跟她說清楚這次後期總結的要點，於是她就將全程用錄音筆錄了下來，會議結束之後，再根據錄音，邊聽邊打字。總計三萬多字的發言。我實在難以想像，她是如何在這麼短的時間內完成的。

之後，我愈來愈看重她，而她的表現也令人滿意。一年之內，不只是我，幾個主管也紛紛稱讚她。自然而然地，沒多久她就升職了。三年後，她已經和我平起平坐。而其他那些新人，三年的時間，有的熬成了老油條，有的跳槽，有的被辭退。只有她，在工作上愈來愈得心應手。

我想，守得住平凡，耐得住寂寞，也許就是她的亮點吧。很多時候，無須刻意表現、刻意追逐，只要你在路上，只要你一直前進，總會有人發現你的亮點。

拿得起放得下，不為過去掛心

很多你心心念念覺得自己會銘記一生的事，往往在不經意間就遺忘了。不管你曾經多麼在意，這些已經過去了的事都將變得不再那麼重要。生活往往是這樣，新的事物總是在取代舊的事物。

事實上不僅是過去的事，發生在此時此刻的事情，也遠遠沒有你想像得那麼重要。太過重視旁人的看法就是給自己戴上了一個無形的枷鎖，即便旁人什麼都不做，你也會將自己帶入絕境。

我認識一個很敏感又很內向的女孩，她渴望和周圍的人打成一片，也試圖融入人群，可是因為不得要領，她總是打不進自己想進去的圈子。久而久之她放棄了，變得愈來愈孤僻。她總覺得周圍的人都看不起她，別人聚在一起聊天，偶爾看了她一眼，她就變得緊張兮兮，覺得他們是在說她壞話。確實，她剛進公司的時候，有幾個人在私下評論過她兩句，但是在職場上這種情況屢見不鮮。

因為總是胡思亂想，她愈來愈討厭和別人接觸，對別人總是充滿敵意。不管別人說什麼做什麼，她都覺得對方是在嘲諷她。有時候她會說自己已經被逼得窮途末路了，可是真正逼迫她的，從始至終只有她自己而已。

如果沒有辦法放下痛苦，那麼痛苦將永遠纏著你，讓你不得解脫。因為你不放下，就無法忘記，每一次的回憶對你來說都是一次打擊，即便傷口已經癒合，也禁不起你一次又一次將它撕開。

其實仔細想一想，有的人之所以會特別在意別人的看法，歸根究柢還是因為自己沒有自信。沒有自信的人總覺得自己不夠好，總覺得自己不如人，總覺得所有人都會看到自己出醜，總覺得自己一時的難堪會被記住一輩子。可是真的是這樣嗎？很多時候念念不忘的不是別人，是你自己。大家最愛關注、投入最多關注的都是自己，誰會特別記住你的糗事呢？你缺乏什麼，就會在意什麼。你愈在意，就表示你愈缺乏。

想要忘記一件讓你覺得痛苦的事，最好的方法不是自我催眠，而是不去想它。人的一生中需要關注的事情太多了，當你將注意力集中在更有價值的事情上面，在不知不覺中就會忘記了那些令你難堪又難過的事情。這個世界瞬息萬變，沒有人會一直關注你，而你永遠是自己的中心。

我認識的一個女孩，她暗戀過一個男孩。這段暗戀整整持續了三年，她什麼也不說，只是默默地喜歡對方。從二十歲到二十三歲，身邊的朋友戀愛又失戀了，甚至有的都結婚了，她還是一個人獨來獨往。眼看著就要大學畢業了，她終於聽取了朋友的意見，決定跟男孩告白。那天，她鼓足勇氣說出口了，對方聽了之後沉默良久，然後說：「我一直都知道啊。」這句話讓她一直耿耿於懷，相較於失戀的痛，更令她難以忍受的是，對方將她那些小心思都看在眼裡卻什麼都不說。她覺得自己就像一個小丑，自以為隱藏得很好，卻早被人看穿了。

這件事讓她很長一段時間都難以釋懷，只要回想起那句話，她就覺得心裡悶得慌。一天又一天，時間並沒有沖散她的痛苦，反而讓這份鬱結愈積愈深。雖然她知道感情這種事根本沒有辦法勉強，她卻開始怨恨對方。她用最大的惡意去揣摩對方的心理，以此讓自己洩憤。可是事後她又感到後悔，不明白為什麼自己會變成這種人。

終於，她忍不住向朋友傾訴，朋友沒有和她一起痛斥那個男孩，也沒有笑她小肚量，而是讓她別再想這件事，先將這件事放在一邊，等一個月之後再回頭看。

她嘗試這麼做了，一開始真的很難，告白之前，她習慣默默地想他，告白之後，她習慣默默地恨他。現在要將心頭這塊大石頭挪開，並不容易。不過她還是努力去轉移自己的注意力，一天，兩天，不知不覺一個月過去了。再次見到朋友的時候，她才發現自己已經有一陣子沒去想那件事了。之後過了半年，過了一年，有天早上醒來，她忽然發現自己已經記不得對方的臉了。她以為自己這輩子都不會忘記這件事，也不會原諒對方，可是在不知不覺中，她早已經放下了，也意識到當初的自己是多麼不可理喻。

沒有什麼是不能放下的，如果你重視自己，那麼旁人對你的影響自然會減弱。不要將外界對你的影響想得太過強大，**一個人要怎麼生活，一個人能如何生活，靠的還是自己的內心。如果你的內心足夠強大，拿得起放得下，那麼沒有什麼會糾纏你，也沒有什麼能阻撓你。**

相信自己，對自己好一些，不要將自己困在那些不值得糾結的過去。人生路很長，與其糾結過去，不如珍惜此時此刻，重視未來。

你被趕下臺，是因為上臺前已經怯場

有一種感覺，讓你驚慌，讓你羞愧，讓你手足無措，讓你只想遠遠避開人群。這種感覺叫作「尷尬」。尷尬的場合有很多種，最讓人印象深刻的，莫過於你站在舞臺上，得到的卻不是掌聲，不是喝彩，而是一陣噓聲；不是「再來一首」、「再來一次」，而是「快滾下去」、「別再上臺了」。

這樣的經歷，對於臺下的人來說，或許只是逞口舌之快，或許只是一時起哄，可是對於臺上的人來說，卻是一生的恥辱。如果你曾經歷過，你不會忘記當時的心情；如果你未曾經歷過，也可以想像。這樣的尷尬、恥辱、傷害，身為當事人，自然不好受，但是我並不想教你如何平復這種心靈創傷。相反地，我想揭開這道傷疤。遇到這樣的情況，你有沒有自問過，為什麼你會被趕下臺？是這個世界對你充滿惡意？還是你上臺前就已經怯場了，以至於沒有發揮自己最佳的水準，直白地說，你不配登上這個舞臺，你讓臺下的人大失所望？

想在舞臺上光芒四射，不被人趕下臺，首先你要相信自己。只有心裡有底氣，你才不至於怯場。那麼如何增強自己的信心，增加自己的底氣呢？很簡單，埋頭苦練。

為什麼要埋首努力呢？因為只有埋首苦練你才不會分心，效率才會提高。如果你的注意力放在別人身上，別人的一舉一動都會對你造成一定的影響，那樣你還有可能靜下心來練習嗎？想要提高自己的競爭力，除了要專心致志，還要注意不要和別人比較，至少不要頻繁和別人比較，也不要太過重視比較的結果。有人也許會說，有比較才會進步，對有自信的人來說或許是這樣，可是對那些自信心不足的人來說，比較只會導致他們的退步。這樣的人一旦發現自己稍微勝出旁人一點點，便會沾沾自喜，可是一旦發現自己不如他人，就會信心大跌，變得萎靡不振。

很多人之所以在臺上怯場，就是因為在臺下和人盲目較量，結果輸掉了自己的自信心。想要不被趕下臺，你就要苦練基本功，增強自己的競爭力，有了實力你才有底氣。一個人在充分相信自己的同時，也要注意不要自高自大。人外有人，天外有天。你必須持續努力，堅持不懈。

想要永遠在人群中光芒四射，你就不能因為一次的失敗而自暴自棄，也不能因為旁人不看好而否定自己。張國榮憑一首〈Monica〉大紅大紫之前，曾經有長達七年的磨礪期。那時是他人生的低谷，不被看好，不斷被否定，那時他在舞臺上得到的掌聲很少，倒彩聲很多。

可是即便這樣，他仍舊沒有放棄過。和他熟悉的人在提到他的時候，會反覆提到一個詞：自信。他給人的感覺就是那種非常自信的人。即便長達七年不如意，都不會讓他對自己喪失信心。換做一般人，完全不用七年，一、兩年毫無起色就足以摧毀他們的夢想和信心，他們會「明智」地換一條新的道路，即便那條路只能通向平庸，無法走到夢想的巔峰，他們還是會義無反顧走上去。因為他們不相信自己，所以他們撐不下去。

張國榮用七年的磨練換來了屬於他的時代和輝煌，而更多的人則在七年中由激情轉為一蹶不振。比被人轟下臺更讓人難受的，就是你再也沒有機會站在臺上。因為第一次發生挫敗的時候，你就已經徹底放棄了。而放棄自我的人，也放棄了在舞臺上創造輝煌的機會。

為什麼你會被趕下臺，因為你不相信自己。一個沒有自信的人，很難讓別人信任。臺下的人，他們否定的是過去不努力、此時沒自信的你。如果只是因為別人一時的評價而自我否定，那麼這樣的人是不是太愚蠢了呢？

如果你這次被趕下了臺，在羞愧、氣憤、尷尬之餘，你要想的是如何杜絕這種事情再度發生。你可以被趕下來一次，但是絕對不能讓同樣的事再次發生。如果這樣的事接二連三，那麼你不能怪這個世界對你充滿惡意，而是你一直沒長進。沒人喜歡將舞臺留給一個不思進取的人，舞臺是留給那些與眾不同的優秀人展示自我的場地。

不想被趕下臺，就不要怯場，不想怯場就要自己努力。每個人都是肉體凡胎，都會有膽怯的時候，但是人身為有智慧的動物，完全有能力讓自己變得更好。當你有能力提高自己的競爭力，就放手去做，這樣你才能超越一般人，才能在人群中鞏固自己的存在感。你早期的目標可以定為不被人趕下臺，但是你要明白，你的終極目標是成為舞臺上的王者。

沒錯，你只是輸給了猶豫

站在人生的十字路口，很多人總會徘徊不定。事情本身也許並不複雜，只因內心不夠堅定，總是瞻前顧後，患得患失，最後錯失良機。

不久前，蘇媛媛還是一家大型廣告公司的企劃助理，如今她已經是一位獨立的企劃專員了。做助理的時候，她每天忙得不可開交，不是列印檔案就是寫報告、送資料，像機器人一樣被呼來喚去。蘇媛媛是一個普通的女孩，長相算不上漂亮，但也說得過去。可是在美女如雲的廣告公司裡，她還是有點自卑，覺得自己就像角落的灰姑娘。公司新調來的總監叫李康，年輕有為，陽光帥氣。一次聚會，李康磁性的嗓音引來眾多女同事的尖叫，外加他平日裡臉上總掛著親和的笑容，對下屬像朋友一樣沒有一點架子，著實贏得了不少女同事的好感。蘇媛媛也是其中一員，但她只是默默地關注著李康，不敢妄想。

公司接到一個大的廣告案，是為新樓策劃廣告。眼下，老式的廣告已經沒辦法引起消費者的興趣了，舊的方案必須全部推翻，無法參考。總監吩咐每位企劃都要交一份像樣的企劃案，再從中挑取最合適的。

幾天後開會，總監覺得交上來的企劃案都不太理想，希望企劃部的同事都進來參與，助理也要做。其實，蘇媛媛一直想做企劃專員，只是當初應徵的時候沒有任何經驗，只好先做助理。耳濡目染這麼久，現在她對企劃也有一些想法，幾次躍躍欲試，又怕公司的企劃部同事笑自己班門弄斧。眼下既然有這個機會，何不好好把握呢？她連續三天加班到深夜，修修改改十幾次，終於做出了一份讓自己頗為滿意的企劃案。

誰知，企劃案交上去的第二天，就被無情地退回來了。她的上司，執行企劃鄭麗，說她是異想天開。鄭麗是一個喜歡冷言冷語的女人，平時看誰都不順眼，對助理更是苛刻。人在屋簷下，不得不低頭，蘇媛媛是她的下屬，論職權和資歷，都沒有辦法與之抗衡，就忍了下來。

鄭麗一番陰冷的話，又打擊了蘇媛媛的信心。她猶豫了，長久以來的隱忍讓她的畏懼已經變成了習慣，若這次迕逆鄭麗的意思交企劃案，又落得沒通過的下場，往後的日子會更難過……可是，這真的是一次機會，她對這份企劃很滿意，若就這樣錯過了，實在可惜。她覺得自己理應敢作敢當，卻又慚愧自己的懦弱，不知道該如何是好。

午休的時候，她拿著企劃案，在總監辦公室門口踟躕著。誰料，李康根本沒有在辦公室，他從蘇媛媛的背後叫了她一聲，著實嚇了蘇媛媛一跳。他得意地笑了，說：「怎麼了？站在這裡發呆。這麼大的人了，遇到事情淡定點，想做什麼就去做，別這麼猶猶豫豫的。」

李康輕鬆的話語中，透出了一股堅定，無形中刺激了蘇媛媛的勇氣。那一瞬間，她什麼都沒想，直接走進李康的辦公室，把企劃案放在桌上，請他過目，並給予建議。

李康工作時的狀態，完全不像平常那樣隨意，眉頭時而緊蹙，時而舒展，蘇媛媛的心懸在喉嚨，等著最終的「宣判」。

沒想到，李康看完之後，大大讚賞，提議蘇媛媛做一個PPT發表，跟同事詳細介紹一下她的企劃案。結果，她的一番演說配合新穎的創意，贏得了眾多同事的一致認可。蘇媛媛如釋重負，也找回了失去已久的自信。此時，蘇媛媛才明白一個道理：**有些事做錯了不可怕，怕的是從未做過，就在猶豫中錯過了機會**。

不久之後，蘇媛媛就成功從助理晉升為企劃專員，與鄭麗平起平坐。相較過去，鄭麗看蘇媛媛更是不順眼，從前的下屬竟然趕上了自己，她臉上掛不住，心裡也火。狹隘和怨恨，占據了她的心，她工作上頻繁出錯，最後竟主動辭職了。

蘇媛媛一點點地克服猶豫的習慣，讓自己朝著果敢的方向靠近，事業也開始順風順水。讓她更意外的是，在工作中與李康接觸多了，他對自己竟格外欣賞，兩個人之間漸漸地擦出了愛的火花。

猶豫的人，心是脆弱的、浮躁的，害怕別人的嘲笑，擔心別人的批評，做任何事情都像是遭遇了一場狂風暴雨。殊不知，**這個世界並不是掌握在嘲笑者的手中，而是掌握在那些承受得住嘲笑與批評、並且不斷向前走的人手裡。經歷了黑暗的苦痛，才會有破繭後的陽光**。

走過生命的旅途，誰都有彷徨和猶豫的時候，也會有失敗與寂寞的悲涼。然而，生命短暫，永不停駐的時光經不起一次又一次揮霍。猶豫就好比人生的一個大關卡，唯有戰勝它，勇敢地穿過去，才會跳到人生的另一個高度。所以，想要什麼就勇敢去追、去爭取，不要徘徊在許多假設性的框架中，折磨自己的心。不管別人在你耳邊說了什麼，心緒都不要隨之搖擺，輕輕地放下那些包袱，不動聲色地面對，勇敢前行。

做自己，活出生命最好的可能

「我不是火辣的美麗女星，也沒有那樣完美的身軀。」英國女演員凱特・溫絲蕾如是說。或許，有些人對這個名字有點陌生，或是一時想不起來她是誰。但是若提及《鐵達尼號》（Titanic）裡的女主角露絲，絕大多數人都會恍然大悟。是的，凱特・溫絲蕾就是電影的女主角露絲。

凱特曾勸很多年輕人，學會對自己感到滿意，不管電影和雜誌對你施加什麼無形的壓力和錯誤的引導。之所以說出這樣的話，是因為身為娛樂圈內人的她，更清楚事情的真相，那些出現在雜誌封面上的模特兒或者女演員，她們的頭髮都是經過專業髮型師兩個多小時的打理，才能營造出完美有型的質感；她們必須憋氣收小腹，讓頭保持在某個高度和角度，下巴的贅肉和皺紋才不會「露餡」。然而，這些事，讀者渾然不知。他們欣賞著封面的時尚美女，心想：「她實在太漂亮了，我希望能跟她一樣。」

其實，他們羨慕的那些偶像，未必真的一如在媒體上看到的那般美好。

凱特說，她曾經在某個電視節目看到，有個女孩為了模仿她的長相而去整型。起初，凱特只是好奇而看，但是看了幾分鐘之後，她哭了。她實在無法想像，那女孩究竟受了多少罪。女孩收集了所有以凱特為封面的雜誌，也看了所有凱特演出的電影，她希望自己看起來就像凱特，為此她竟不惜切除了部分的胃。

見到這樣的情景，凱特說：「她只是被這些雜誌和電影呈現出來的完美凱特誤導了。當你生過孩子，隨著歲月的流逝，在地球引力的作用下，你的胸部就會變得鬆弛，然後下垂。這是發生在女性身上的自然現象。如果有機會，我會把所有的感受都告訴她，甚至要她站著別動，然後我將衣服脫下，讓她知道真實的我沒有翹臀，也沒有豐滿的胸部，更沒有平坦的小腹。我的臀部和大腿堆積了很多脂肪，這才是真正的我。」

很難想像，若是整型女孩有機會近距離看到凱特本人、聽她說出這番話，是否會充滿了驚訝和錯愕？

那些精神和情緒正處於不安的人，為了讓自己看起來像某某人一樣完美，為了讓自己更精緻更美好，而苛待心靈與肉體的人，聽到這番話又是怎樣的心情呢？

看到類似的情形，著實讓清醒的人感到難過和痛心。外面的世界為了美麗不停地更換定義，今天流行「骨感美」，明天推崇「瓜子臉」，難道女人都要放棄真實的自己，去追隨潮流嗎？答案顯然是否定的。愈是在這樣的時刻，女人愈要保持一顆淡定而強大的心。

世界上任何一個人都是獨一無二的，既不「像」任何一個人，也無法變得「像」某一個人。這個世界上，沒有人是完美的。只有愛自己優點的人，才能摒棄缺點，把優點發揮到極致。或者說，真正的美麗並不是沒有瑕疵和缺陷，而是「不必變成怎樣，只要做自己」。

還記得勵志大師力克・胡哲（Nick Vujicic）嗎？那個天生沒有手、沒有腳的人，卻活出不受限的生命奇蹟。曾經，他的堂兄妹在大賣場指著他笑：「看看那個坐輪椅的小孩，他是外星人。」那些人一起笑得歇斯底里。他沒有因此陷入自憐，也沒有沉溺於苦澀。雖然他也曾想過，如果自己的身體可以「正常」一點，如果上帝多給自己一隻手，那麼人生就輕鬆許多。當然，生命是不可能出現這種戲劇性的轉變。後來，他終於明白了一點：錯的並不是他的身體，而是他對自己的人生設限，因而限制了視野，看不到生命的種種可能。

今天，他過著完全超乎世人想像的生活，每天都有不認識的人透過電話、簡訊、郵件跟他聯絡；人們在機場、飯店和餐廳，走向他、擁抱他，感謝他以某種方式感動了他們。這個不完美的人，覺得自己的生命好得不像話。

有句話說得好：「玫瑰就是玫瑰，蓮花就是蓮花，只要去看，不要去比較。」其實，又何止是玫瑰和蓮花，世間的萬物都無須比較。

如果你是一株小草，那就綻放「野火燒不盡，春風吹又生」的頑強；如果你是一片秋葉，那就靜享「秋風瑟瑟，落葉歸根」的安詳；如果你是一抹清泉，那就聆聽「山泉響動，靜待月光」的幽靜。

永遠不要苛求自己像某個人，也不用把別人的世界想像得太過完美，那只會變成自己給自己設下的局。只管淡定地做好自己，堅定地告訴自己：「我就是我，顏色獨特的煙火。」

別活在未來，享受生活從今天開始

有這樣一種人，他總是迫不及待地「奔向未來」：同事約他週末逛街，他馬上訂一個逛街計劃，甚至想好幾點見面、約在哪裡、吃什麼好；朋友約他看電影，電影謝幕還沒跑完，他就已經起身準備離開，回去的路上開始想著明天的安排。他的生活，從來都不是生活在當下，而是在未來的某一刻。

這種人眼睛一直盯著未來，心裡想的全是以後，全然不知，每個「今天」都是人生裡最特別的日子。

二十二歲那年，安雲跟著男友一起從老家來到深圳。人生地不熟，沒有一個安身之處，幸好有同鄉的幫忙，他們才順利租到房子。安定下來之後，自然就要找工作謀尋出路了。

幾經周折，安雲找到了房地產業務的工作，男友也找到了一份不錯的差事。很快地，男友就向安雲求婚了。不過，安雲沒有答應。在偌大的城市裡謀生，讓她缺乏安全感，她拒絕提婚的理由是：「我們現在什麼都沒有，賺的錢也只夠養活自己而已，結婚要花錢，以後養小孩也要花錢，等工作穩定了再說吧！」男友理解安雲的擔憂，也沒再多說什麼，開始更賣命地工作。

第二年，男友的工作有了很大的起色，而安雲的薪水也從一開始每個月兩萬元，調薪成兩萬五千元。老闆很賞識這個勤勞肯學的女孩，有意提拔她做主管。男友再次提出結婚時，安雲又猶豫了，說希望買了房子再結婚，況且現在有升職的機會，自己也不想因為結婚而受到影響。這一次，男友依然答應了她，表示願意再等。

第三年，男友湊齊了預付金，買下了一層樓。可是，晉升為有屋一族的喜悅沒持續多久，安雲又鬱鬱寡歡了，只要一想到每個月要繳房貸，她的心裡就像壓了一塊大石頭。她害怕自己失業，也害怕男友的工作出意外，直嚷著要多存點錢才行，等之後有點多餘的錢了，再考慮結婚。

兩人每天拚命地工作，生活也很節儉，甚至想不起來上一次去電影院看電影是什麼時候的事了，更別提一起出去旅行，浪漫一下。男友以前有抽菸的習慣，偶爾也愛跟朋友喝點小酒，可是自從心裡裝進了「早點還清貸款」這塊石頭，他索性把菸酒全戒了。

幾年之後，安雲和男友都到了而立之年。男友已經褪去了當年那副羞澀的模樣，儼然被生活磨礪成一個有所作為的青年。此時，他已經還清了貸款，也買了車。安雲覺得是時候結婚了。可是她萬萬沒想到，男友居然提出了分手。安雲得知之後，精神徹底崩潰，她向男友哭訴：「我省吃儉用這麼多年，不捨得買衣服，不捨得買化妝品，一心都是為了我們的將來，我做錯了什麼？為什麼要這樣對我？」

男友的回答倒也乾脆：「相處這麼多年，我實在太累了。你從來只對眼前的事情不滿足，就算我們結婚了，以後的日子一樣也會很辛苦。你要的那種幸福，我永遠都給不起。我想要的生活是一邊享受當下，一邊計劃未來，而不是變成一個賺錢機器、生活的奴隸。」

細數一下，人生有多少個十年？世間許多事情都是無法預料的，能夠把握的只有當下。天天忙碌，日日辛苦，憧憬著多年後的生活，把想要的東西一一往後移，直到有一天，真的想要享受了，卻發現時間不等人，許多事情已經來不及，而這才是人生最大的遺憾和悲哀。

享受生活，不一定需要很多少物質支撐，更不需要等到未來。女作家畢淑敏寫過這樣一段觸動人心的話：

我們所說的享受，不是一擲千金的揮霍，不是燈紅酒綠的奢侈，不是喝三吆四的排場，不是頤指氣使的驕橫……我們所說的享受，不是珠光寶氣的華貴，不是綾羅綢緞的柔美，不是周遊列國的瀟灑，不是管弦絲竹的飄逸……我們所說的享受只不過是在廚房裡，單獨為自己做一樣愛吃的。在商場裡，為自己買一件心愛的禮物。在公園裡，和兒時的好朋友無拘無束地聊聊天，不用頻頻地看錶，顧忌家人的晚飯和晾出去還沒收回的衣衫。在電影院裡，看一齣自己喜歡的喜劇，不必惦念任何人的人情冷暖……

每個人都擁有享受生活的權利，是每個人都可以享受的美好。只可惜，這份最平常、最基本的生活樂趣，已經人們在追求物欲中被遺忘了。作家吳淡如說：

當我發現「一個人的我依然會微笑」時，我才開始領會，生活是如此美妙的禮物。喝一杯咖啡是享受，看一本書是享受，無事可做也是享受，生活本身就是享受，生命中的瑣碎時光都是享受。

留給自己一點享受生活的時間與空間吧！從今天開始，從現在開始！

不要只想著要為房子、車子苦苦奮鬥多少年，多愛自己一點，抽點時間逛逛街，看看喜歡的書，把活著的每一天都當成最珍貴的禮物，隨時而樂，幸福就不再是遙望的海市蜃樓。

CHAPTER

4

從容拒絕：

拒絕讓你更珍貴，別讓你的幫忙變成理所應當

敢於自己做主的人，在做選擇的時候，已經做好承擔後果的準備，不管好的壞的，都是自己的選擇，不用抱怨，也不用誰負責。

很多事能複製，唯獨生活要獨樹一幟

我看過一篇小短文，內容說一個想要成功的人，苦苦思考成功之法卻始終沒有頭緒。後來，他索性模仿自己的偶像，對方走過什麼路，他都一一照搬過來，最後居然真的成功了。

對很多正處於迷茫期的人而言，這個故事為他們指出了一條明路。完全對前路沒有把握的時候，照搬別人的道路也是一個辦法。可是即便故事是真實的，也未必適合所有的人。在這個世上，有很多東西可以照搬照抄，可是唯獨生活，必須要有自己的特色，自己的個性，否則你無法切實地認識自我。

想讓自己的生活獨樹一幟，首先要實現精神上的獨立。你要能夠獨立思考，獨立做判斷，獨立做決定。所謂「成長」，它是獨善其身的過程。成長的過程中，**你要信任自己，喜歡自己，不要總覺得自己不如他人，不要總覺得別人的東西都是好的**。如果你可以做到這一點，你才有機會過獨樹一幟的生活。

我的朋友小柳是一個再普通不過的女孩。上大學的時候，和小柳同一個寢室的女孩都相繼談戀愛了，只有她沒有被追過。小柳認為自己並不比別人差，可是為什麼就是沒有人追呢？她看著鏡子中的臉，雖然算不上多漂亮，好歹也是清清秀秀的。個子不高不矮，標準身材，應該不至於完全沒有吸引力啊。小柳仔細觀察了室友，又看看自己，突然發現自己和她們的差距。原來小柳是那種不太會打扮的女生，當室友們都花心思展現青春無敵的時候，小柳穿來穿去還是那幾套衣服，這樣一對比之下，就顯得她很土氣。

找出問題的癥結點讓小柳很興奮，不過很快地她又沮喪了，就算找到了原因，她也不知道該如何縮短自己和室友之間的差距。她當然知道要開始學著打扮，問題是，究竟該從何做起呢？小柳想問室友，又怕對方笑她，最後決定依樣畫葫蘆，就從模仿室友的打扮開始吧。

小柳的室友，每個人都有自己的穿衣風格，年紀最長的室友，外號老大，喜歡搖滾樂，個子高高瘦瘦的，她的穿著打扮就比較龐克風，就像人氣漫畫《NANA》裡面那個帥氣的主角娜娜一樣。而年輕最小的孟孟個子嬌小，長相甜美，她走的就是可愛路線，蕾絲花邊的短襪搭配黑皮鞋、漂亮的蝴蝶結頭飾，還有可愛的蓬蓬裙都為她加分不少。睡在小柳下鋪的小夏身材最好，她是這群室友裡最適合穿套裝的人。立志成為職場精英的小夏，平時也盡可能打扮得成熟些，這也讓她看起來不像大學生，反而更像上班族。寢室裡的文藝青年小櫻，平時的穿著偏文藝休閒，一頭長髮加上白淨的皮膚，讓她成了當之無愧的文藝美少女。

小柳仔細觀察了幾天，決定先學老大的風格試試。逛了幾家購物網站之後，小柳先買了幾件龐克風的衣服。衣服送到之後，小柳喜滋滋地穿上，對著鏡子前看看後比對。衣服合身是合身，可是怎麼看都覺得彆扭，明明是相似款，可是穿在室友身上就很帥氣，穿在她身上就顯得有點怪。尤其兩人要是走在一起，這種違和感就會更明顯。小柳有些不痛快，決定換一種風格試試，這次她嘗試的是「森女可愛風」。滾花邊的長棉裙很快就送來了，小柳穿上之後，發現自己穿這種衣服很顯胖，明明孟孟穿就嬌小可愛，自己穿就變得很壯，簡直就是自爆其短。挑戰失敗的小柳有些氣餒，但是她還是不願意放棄，她決定嘗試一下文青風。

文青風的衣服一送到，小柳一看就很喜歡，迫不及待穿上，這次的效果比前兩種好，但就是沒有小櫻穿起來好看。小柳覺得要達到小櫻那種效果，皮膚可能要再白一點，也要換個髮型，不然整體形象不搭。一想到這裡，她覺得好累。

室友們看到小柳這幾天勤換風格都有些好奇，問她是不是談戀愛了？不然，怎麼突然開始重視外表了。小柳有些害羞，但還是告訴室友只是想找到適合自己的穿衣風格。室友一聽哭笑不得，問她為什麼不早說，大家可以給她意見呀。小柳紅著臉不說話，室友們也不多說，拉著小柳就上街買衣服去了。

那天，小柳一行人逛了一下午，最後終於確定了最適合小柳的是休閒風格，剛好可以把她親和的氣質襯托出來。換裝後的小柳站在鏡子前面，第一次在個性十足的室友中找到了自己的存在感。之後，她再也不用學別人了，她有了屬於自己的風格。

外形要有自己的特點，生活更要有自己的個性。因為人與人之間再怎麼相似，終究還是有差異。別人的生活模式再怎麼好也不一定適合你，就像你上網路買衣服，看模特兒穿覺得不錯，就錯以為自己穿也一定美。

想過自己最想要的生活，就要明白你真正需要的是什麼，發現真正適合自己的，你的生活才會獨樹一幟。而這樣的生活會讓你永遠年輕，永遠熱情洋溢。

你沒必要按別人的標準生活

生活在節奏明快的社會，我們總顯得浮躁不安，被太多的標準和言論左右，不知道到底是該這樣還是那樣。舉個簡單的例子，家庭／事業如何選擇？是現代人經常面對的課題。到底要以家庭為主、事業為主，還是兩者兼顧，不同的人有不同的答案。

選擇自己的堅持，還是按社會標準安排自己的生活？到底是自己的想法正確，還是旁觀者清？如果心中充滿了糾結，真的會把人壓垮。也許你會問：「難道就不能輕鬆地生活嗎？難道不能安心地生活嗎？」

答案就是：做一個有主見的人。有主見的人不會迷失自己，因為他知道什麼是自己想要的。有主見的人知道該堅持什麼、該放棄什麼，不會讓各種答案淹沒自己，不會讓各種標準擾亂自己，自己就是自己的救世主。

晴天，就像她的名字一樣，她的臉上總是洋溢著燦爛的笑容，感染著她身邊的每一個人。大家都認為她是一個乖乖女，可是，從她做的事情看來，她在父母眼中並不是一個聽話的女兒。

填大學志願的時候，父母希望她選擇以後可以當醫生、老師的科系。可是，晴天卻填了非常冷門的考古系。這對父母來說，根本完全無法接受。

爸爸說：「你現在還小，無法決定自己的人生道路。為什麼不聽爸爸的話呢？我們是不會害你的。你現在選了這個科系，將來一定會後悔。為什麼就不能安安穩穩地過一生呢？」

晴天說：「我知道你們是為了我好，可是你們說的並不是我想要的人生。這是我自己的選擇，就算未來道路坎坷，我也不會後悔。」

媽媽說：「你知道你選的科系代表什麼嗎？代表著你將來的工作會很辛苦，說不定找不到工作。為什麼有好好的生活不選，非要自討苦吃呢？你真是太幼稚了。」

晴天說：「你們說的我都知道，但是我還是會義無反顧地追求自己想要的人生。」

就這樣，晴天還是選了考古系。大家都沒有想到這個嬌小的小女生，會做出出人意料的決定，而且還如此堅定。畢業之後，晴天也開始面臨找工作的問題。可是工作並不好找，就像她父母當初說的那樣，這個行業很冷門。漸漸地，晴天的同學都轉行了，因為大家不想再做無謂的掙扎。

同學勸晴天：「你工作都找三個月了，不如來我們公司吧，待遇還不錯，之後等機會來了再換。」晴天拒絕了。雖然現狀不盡如人意，但是相較於同學的浮躁，她更多的是淡定。她非常清楚自己想要什麼。

半年之後，晴天等到機會了，她終於在博物館找到工作。儘管工作環境非常艱辛，有時還會有危險，晴天卻樂在其中。她這份喜悅是別人是無法體會的。看她如此執著，父母也只能由她去了。

毫無疑問，晴天是有主見的人，她選擇了自己要走的路。不管這條路上等待她的是什麼，她都甘願承受。所以，晴天也得到了那些隨波逐流的人無法得到的收穫。

能為自己做主的人是勇敢的，因為他要面對別人的不同意見，他要承受獨自探路的風險，他要承受因為執著而出現的種種後果。不過，**敢做主並不是任性和倔強，而是明白什麼適合自己，什麼對自己最重要，什麼是自己喜歡的**。因為瞭解自己而不隨波逐流，因為相信自己而堅持做自己。

有主見的人不僅保有一顆淡定平和的心，還會贏得他人的信賴。沒有人會喜歡一個沒有主見的人。因為沒有主見的人總是患得患失，總是誠惶誠恐，在猶豫不決中忘了感受生活的美好。

勇敢做主的人，在做選擇的時候就已經做好了承擔的準備，不管好的壞的，都是自己的選擇，不用抱怨，也不用誰負責。**自己就是自己的主人，活出自己想要的人生，**不管這一路是布滿荊棘，還是開滿鮮花。

人不能靠心情活，要靠心態活

心態決定心情，擁有好的心態，即使遇上糟糕事，也可以迅速調整心情。相反地，如果心態不好，即使原本擁有好心情，也會被一些無關緊要的小事破壞。

人不能靠心情活，因為心情總是多變。如果你以心情為指標，那麼你的生活隨時隨地都會發生變化，短時間內的劇烈變化終究會超出你的承受極限，將你的生活搞得一團糟。擁有好心情固然重要，但是更重要的是擁有一個好的心態。

在人生的長河裡，我們總是身不由己，夢想和現實之間的差距，往往不是個人所能左右。我們時刻感受著現實對夢想的衝擊，大到和命中認定的那個人失之交臂，小到餐桌上沒有出現喜歡的菜色。如果每一次失落都會讓你沮喪焦慮，那麼你的生活意志會一天天孱弱下去。在遇到挫折的時候，你需要一個好心態來驅走頭頂上的烏雲。

依靠心情的指示來生活，你將局限於眼前那小小的一片天地，而沒有精力去關心自己的未來。太注重此時此刻的心情，總是被心情影響，你的目光會變得愈來愈短淺，變得患得患失和敏感，而敏感的人大多不幸福。

不同的人對於人生或許有不同的追求，但是本質上來說，大家都想讓自己過得更好。**如果客觀狀態無法改變，至少你可以改變主觀感受，一個好的心態可以讓你在最困難的時候，仍有勇氣繼續向前行**。

或許有人會說，所謂的「好心態」，不過是失敗者、失意者的自我安慰，對改變現狀沒有任何用處。就好像阿Q不管使用多少次精神勝利法，仍舊只是一個失敗者。聽起來似乎有些道理，但是良好的心態真的無法給予安慰嗎？並不是這樣，**一個好的心態可以讓你有足夠的勇氣，去面對未來的挑戰**。

我看過一篇短文。一個即將應徵入伍的年輕人害怕死在戰場上，憂心忡忡地跟祖父訴苦。

祖父對他說：「又不一定會選上。如果沒選上，你有什麼好憂愁的？」

青年說：「萬一我被選上了怎麼辦？」

老人說：「就算選上也不一定上前線，如果是做後勤，根本沒什麼好怕的。」

青年想了想，接著問：「萬一我要是被送上前線了怎麼辦？」

祖父說：「上了前線也沒什麼可怕的啊，你可能會受傷，也可能安然無恙。受傷也分輕重傷，說不定你頂多皮肉輕傷而已。」

青年又問：「那我要是受了重傷怎麼辦？斷手斷腿那種？」

祖父說：「就算是殘疾，國家和家人都不會拋棄你，這是屬於你的榮譽。再說，能從戰場上活著回來不是一件可喜可賀的事情嗎？」

青年頓覺輕鬆了不少，最後他問：「如果我死在戰場上怎麼辦？」

祖父哈哈大笑：「你都死了，還怕什麼。」

青年聽到這裡豁然開朗，在祖父的細心開導下，他終於戰勝了心中的恐懼。

世事都有兩面，好的心態並不是片面只看好的那一面或者壞的那一面而已，而是讓你試著明白，每件事情都有很多的可能性，**以我們的一己之力無法讓事情遵循個人的意志，產生我們想要的結果。但是，維持一個好的心態，可以讓你每天都擁有好心情**。擁有好心態，也有助於你規劃自己的未來。

同樣是失戀，看心情決定生活的人，可能會因為這次打擊而終日鬱鬱寡歡，甚至因此喪失愛人的能力，長期活在痛苦中，日復一日的壞心情，會徹底毀掉他們的生活。而擁有好心態的人，失戀的時候一樣會覺得痛苦，可是他們很快就會將自己的狀態調整過來。他們不會以無條件退讓來換取對方回頭，因為他們知道，自己不過是擇別了錯的人。

擁有好的心態，你才能更加相信自己，從而熱愛每一天的生活。為什麼那些擁有好心態的人會迅速從打擊中站起來呢？就是因為他們相信自己有能力以最快的速度東山再起。如果一味地消沉沮喪，那才叫自斷後路。

世上很多事情不過只是看起來很難，當你真正嘗試去面對之後，你就會發現，其實它們並不是你臆想中的猛虎，只不過是紙老虎而已。擁有好的心態，你才能真正告別痛苦、難堪的過去，或許它曾經讓你痛不欲生。時過境遷，當你回頭看，往日的種種都不算什麼，你從那些挫敗中站起來了，最後勝利的人是你。

擁有好的心態，你會更加珍惜此時此刻，心情愉悅地過好每一天。一個人的生活品質如何，並不是由心情決定，當你擁有好的心態，當你更懂得珍惜自己、愛護自己，你的生活自然愈來愈美好。

別讓那些輕易被左右的心情破壞了你的生活，用良好的心態去面對未來的每一天吧！只要堅持下去，將來的收穫就是你曾經的期待。

總是聊是非，別怪是非來糾纏

世上沒有絕對安寧的生活，陰風濁浪不時來襲，被動地陷入爾虞我詐的爭鬥中，不如主動地一笑而過，靜靜地做個旁觀者。在別人追名逐利的時候，堅守自己的寧靜，在淡定中充實自己、超越自己。那些在人生路上歷經苦澀，卻仍然從容對待，不斷澄清自己的人，總讓人的敬意油然而生。

行走職場七、八年的光景，瀟晴見過了太多殘酷的爭鬥，那看似清新高雅的辦公室，實則充斥著戾氣和勾心鬥角。早年和她一起進公司的蘇珊，擔任主任助理，為人誠懇踏實。辦公室裡有人早看主任不順眼，想踢掉他坐上高位，便從蘇珊的嘴裡套話，抓到主任的把柄，一狀告到了老闆那裡，還把蘇珊也出賣了。但是老闆也是聰明人，怎麼可能讓一個打小報告、背後放冷箭的人留在公司？結果，請三個人統統離開，蘇珊滿腹委屈，卻也無處可訴。

有人與上級爭鋒，也有人與同級爭寵。

公司裡兩個原本私交甚篤的女同事，工作能力相當，都受到老闆的器重。可惜，兩人沒有成為永遠的朋友。當公司出國考察培訓的機會擺在眼前時，曾經的「姊妹情」蕩然無存，兩個女孩開始明爭暗鬥，連說話的口氣都變了。為了私利，他們無心工作，只顧著找對方的碴，最後竟錯失了一筆大生意，損失慘重。案子的主要責任人，只好主動提辭呈。至於出國考察培訓，兩個人都沒份，反倒落在瀟晴身上。

老闆也是明眼人，怎會不知道員工私下的表現。相比那些愛炫耀、愛出風頭的員工，他更欣賞有能力卻為人低調的瀟晴。她從來都是一副沉穩的樣子，不管面對什麼人、什麼事，始終報以微笑。上司信任她，同事喜歡她，對公司而言，沒有人比她更適合送去培訓，也沒有人比她更適合當主管。

不與人爭，不與人鬥，在浮躁忙亂、爭逐物質的世界裡，不被他人爾虞我詐、勾心鬥角、搬弄是非所左右，在心裡開一扇透氣的窗，滋養一顆純淨的心，活出一個清澈的自己，這是一種淡泊和從容，也是一種灑脫和智慧。爭來爭去，未必有好的結局；跳出了人我是非之外，落得一份清閒和自在，還可能擁有意外收穫的驚喜。

不過，職場的事從來都是複雜的。有時，你想要安安份份地做自己，不料有人刻意排擠你。路澄剛上班的時候，公司裡的同事都對她報以冷眼。她出身農家，大學四年的生活也沒有改變她樸素的個性。男同事私底下笑她土，女同事更覺得她沒品味，同事之間沒有共同話題。

對一個二十出頭的女孩來說，被孤立的感覺更是難受。那時，她覺得上班就是煎熬，每天出門前都會湧起一股莫名的恐懼，心理壓力很大。可是她愈是煩躁，周圍的同事愈是排擠她，就連她發傳真手忙腳亂也會惹來一陣嘲笑。一週五天，唯有週五下午她才能稍微喘口氣，因為隔天不用上班，不用再面對這些同事。

這樣的日子，持續了一個多月。路澄慢慢地發現，心裡愈是憂慮，排擠愈是強烈，這種心態讓她變得很自卑，她甚至變成了一個誰都可以欺侮的「軟柿子」。有時，明明不是懦弱的人，卻給人懦弱的感覺，這樣的姿態更容易招來排擠。

想通了之後，路澄開始努力告訴自己「不能慌」，遇到各種排擠都表現得淡定自若，「隨你們去說，我只要做好自己的事」。需要表明自己立場的時候，她不再畏畏縮縮；不需要展露鋒芒的時候，她就安靜地做個旁觀者。

或許，每個人都有過這樣一段成長的歲月。五年之後，路澄再不是當年那個誰都能排擠的女孩了。她自信成熟了，做事老練，也能游刃有餘地處理好人際關係。唯一不變的是，她骨子裡的淡定與澄澈，就像她的名字一樣，路途再遠，心永遠澄清。

人生其實不複雜，複雜的是人心。面對利益紛爭，學會淡泊，就能避免陷入勾心鬥角的疲憊裡。也許，你會在不經意間被他人的排擠，被他人傷害，偶爾可能在言語上吃了虧，但是真的不必太計較，更不必恨之入骨，以牙還牙。寬容一點，坦蕩蕩做事，溫良恭儉的做人，**把精力放在自己身上，放在值得做的事情上，外界的紛紛擾擾任他去，跳出人我是非，就不會讓自己的心隨著境遇，大起大落。**

別跟易怒的人有牽扯

睡不著覺的時候，一般人都會數羊，從「一」開始，一直數到睡著為止。生氣的時候，我們也應該先數數，從「一」數到「十」；如果怒氣還沒消，就深呼吸幾次；再不行，就繼續數到「一百」。一般人做到這裡，怒氣自然就消了，氣消不消的關鍵在於，大多數人根本不會去做，怒氣一上來，所有理性都回收了，當下只恨不得把所有人都丟進地獄。

易怒的人為什麼憤怒，一時之間，也說不出個所以然來，我的分析是：如果人是一顆氣球，普通人平心靜氣，氣球的狀態就和平常一樣。易憤怒的人，一有了怒氣，怒氣會讓氣球變大，隨著怒氣不斷地加入，氣球愈來愈大，等到大到極限的時候，氣球就爆破了，也就是這個人會爆炸，結果就是：自損一千，傷友八百。和易怒的人交往，只會殃及自身。年少氣盛的人容易憤怒可以理解，年紀大一點的人也易怒，就讓人無法理解了。

易怒的人不是大事才生氣，而是一些雞毛蒜皮的小事也會生氣。憤怒就像他的「粉絲」一樣，動不動就要出來吼兩下。比如，下班回家，找不到大門鑰匙，一把怒火就湧了上來；上班的時候，眼看要遲到了，趕緊加快腳步，但是到了公司還是遲到了，怒火就點燃了……各種零碎的事情，一般人根本不在意的小事，放到易怒的人身上，就全都變成了重大事件。

易怒的人容易生氣，就是因為他們總是拿著放大鏡看事情，所以就算是小事，他們也能看成大事。太在乎一件事或者一個人，我們的情緒很容易就被挑動起來，會把乒乓球大的事情看成足球大的事情。

看到這裡，你一定不願意再跟易怒的人往來了。我們都不願意把一顆定時炸彈帶在身邊，不僅無用，還有隨時爆炸的危險。和易怒的人斷絕往來，不僅讓我們輕鬆快樂，也留給他們一個思考的空間，讓他們在冷靜思考過後，逐漸明白如何把大事看小，把小事看無。

某年過年前夕，在外的遊子紛紛背上行囊，準備回鄉過節，和家人歡歡喜喜地過個好年。

一輛快速行駛的公車上，因為年關將近，車內分外擁擠，白秀榮一不小心踩了隔壁的王玉鳳一腳，這本來是一件非常小的小事，但是在兩個盼望馬上回家過年的人心中就變成了大事。王玉鳳非常生氣，怒斥白秀榮：「你瞎了嗎？沒長眼睛嗎？」

白秀榮是當地一所明星國中的主任，平時很少回家，也很少和鄰里往來，這次是她三年來第一次回家。白秀榮賠笑臉說「對不起」，不想和對方進行爭執，本來過年就應該和氣高興，不需要再去增加沒必要的爭執。

沒想到王玉鳳不饒人繼續說：「說句『對不起』就沒事了？你以為我的腳是要給別人踩的呀！我要你賠錢，不然你要陪我去醫院！」

白秀榮依舊微笑著說：「好，那您覺得應該賠多少？」

王玉鳳說：「我的腳都腫了，去醫院至少也要兩千。」

白秀榮沒有說什麼，馬上從口袋裡掏兩千元給她，並微笑著說：「對不起，希望您的腳傷儘快康復。」

公車上的人開始議論紛紛，指責王玉鳳不厚道，王玉鳳承受不住大家的指責，下一站就提前下車了。

白秀榮回到家，因為三年沒有回家了，感受到來家裡拜年的人也變多了。沒想到的是，大年初七的時候，王玉鳳竟然來她家，還帶來了禮品。原來，王玉鳳家裡的小孩今年夏天要上國中了，她回到家才知道白秀榮這號人物，於是她打算趁著過年拜訪一下，希望能夠讓自己孩子順利上明星國中。

當王玉鳳見到白秀榮，整個人呆住了，白秀榮也一臉尷尬。

王玉鳳趕忙道歉：「沒想到您就是大名鼎鼎的白秀榮啊，我有眼不識泰山，兩千元還給您！」

王玉鳳馬上遞上兩千元，沒想到白秀榮卻笑著說：「這是給您看病的錢，我沒辦法收。還有，您的好意我心領了，禮品您還是留給孩子補補身體吧！」

王玉鳳接著又說了一些道歉和客氣話，希望能夠平復白秀榮的心情，然後自己就可以說出此行的目的。但是白秀榮還是「關門謝客」，她把王玉鳳請了出去。她說：「一個人的能力可以改變，但是為人處世的態度很難改變。我要做好本分工作，一分耕耘，一分收穫。我也要對自己和學生負責，為國家培養棟樑！」

一時改變就等同於一世的改變，這顯然是不可能的，白秀榮也認為這是不可能的，因為王玉鳳那個人的憤怒基因已經融入骨子裡了，根本無法撼動。此時的她只是平靜的理智表現，只要稍一受到刺激，她的憤怒本性馬上就會迸發出來。

少跟易怒的人往來，和這樣的人交往只會降低我們本來的交往能力，也會帶給我們負能量。多和平和的人往來，這樣的人有氣度，有胸襟，不論發生什麼事，他們都能以平靜的心情對待，能夠好好的解決。

氣順，則人順，我們心平氣和了，身邊的朋友就會和我們一樣謙和有度。一種氛圍影響一群人，我們可以看看身邊的朋友是不是和自己一樣。努力做好的自己，讓所有的朋友都和自己一樣心平氣和，這樣我們的天空才會掛上絢爛的彩虹。

別把希望寄託在他人身上

有些人習慣把希望寄託在別人身上，讓別人幫助自己實現願望，即使委曲求全也在所不惜。這樣，不僅拖累了他人，自己也體會不到經營人生的美妙。我們可以用愛心去關愛他人，用包容去寬恕他人，用樂觀去感染他人，唯獨不能把希望傾注在他人身上。

有些人想著：「我為什麼要這麼辛苦？為什麼我不能優雅地坐在辦公室吹冷氣，舒舒服服的工作？」於是，他們想靠關係找一個穩定安逸的工作，或者希望父母出面讓自己可以過舒適的生活。

不管基於什麼原因，你都不應該把自己的希望寄託在別人身上。你要相信，憑藉自己的力量一樣可以實現夢想。你要做一個靠一己之力去經營生活的人，不用隸屬於任何人，不用依附於任何人，理直氣壯地掌握自己的人生。

陽陽畢業了，面對著就業大軍的龐大局面，他退縮了。他不想被別人挑剔的眼光像挑貨一樣審視自己，於是畢業之後就一直待在家裡。

同學們一個個都找到了工作。不管好壞，大家都努力地開始了自己的新生活。看著大家都有了的目標，陽陽也開始著急了，於是他開始跟同學聯繫，希望同學能幫忙。在同學的幫助下，陽陽沒有經過面試就直接到同學工作的公司上班了。陽陽想著，這就是自己想要的結果，不用跟那麼多人競爭就能得到工作。

上班沒多久，陽陽發現自己並不喜歡這份工作，不喜歡嚴格的上司，不喜歡每天單調重複的工作，也不能接受經常加班。

陽陽打起了退堂鼓，但是他不知道辭職之後要做什麼，於是請父親幫他找新工作。新工作與上一份工作不同，每天不再是單調重複的工作內容，而是和各式各樣的客戶打交道。剛開始，陽陽還覺得新鮮，可是做了幾個月之後，陽陽又厭煩了。他覺得每天同樣的話要說好幾次，實在是一件很無聊的事情，而且時常會遇到奧客。漸漸地，陽陽對這份工作失去了興趣。

像上次一樣，陽陽辭了職。就這樣，他又變成了無業遊民。百無聊賴的他約朋友出來散心，朋友不留情面地批評他：「陽陽，難道你就這樣無所事事地耗掉自己的青春嗎？你把自己的工作寄託在別人身上，別人好不容易幫你介紹了一份工作，一過了新鮮期你又厭煩、辭職了。既然這些工作都不是你喜歡的，那你就去爭取自己喜歡的工作呀！不要再讓別人為你的人生忙碌了！」

有很多人跟陽陽一樣，當生活陷入茫然的荒漠時，總希望有人來帶領自己走出去。如果這個人帶錯路了，他便期待下一位出現。時間就在迴圈周轉中溜走了，最後剩下什麼？剩下埋怨別人的心情？還是命運的玩笑？如果是這樣，又能怪誰呢？只能怪你把自己的人生輕易地交給了別人。

你若想過正確的人生，就不要讓別人成為你的導航。那樣只會把人生主權交出去，讓自己成為一只被放飛的風箏，看似自由，牽制自己的線始終握在別人手中。

不管是工作還是感情，你都不能把希望寄託給別人，最美好的希望要自己親手去栽培。若實現了便皆大歡喜，即使不能實現也問心無愧，因為**靠自己去爭取，讓你擁有了一顆淡定的心。這顆心能安然承受命運賞賜的驚喜，也能接受付出之後沒有完美結局的缺憾**。

不主動爭取的人，只能用尊嚴換取饋贈

經常聽到大家說：「是你的終究是你的，不是你的去爭也沒有用。」真的是這樣嗎？大山，就在那裡，你不過去，大山是不會走過來的。既然這樣，就應該朝著大山走去。

很多人習慣矜持，但是矜持只會讓你看著自己想要的東西從你眼前匆匆溜走，你卻什麼也抓不住。很多人因為年輕的時候不去爭取，反而留下很多的遺憾。在他們反覆思考要不要採取行動的時候，時機已經棄他們而去了。

不管是工作還是感情，我們都要學會為自己創造幸福。而人的幸福是由一個個的選擇積累起來的，所以，我們要勇敢地為自己爭取想要的人生。昨天的選擇決定了今天，今天的選擇也會決定明天。

《東邪西毒》中有這樣一段臺詞：「每個人都會經歷一個階段。見到一座山，就想知道山後面是什麼。我很想告訴他，可能翻到山後面，你會發現沒什麼特別。回望之下可能覺得這一邊更好。」每個人都會堅持自己的信念，在別人看來是浪費時間，他卻覺得很重要。

即使發現山的後面沒有什麼特別的，即使最後發現還是山的這一邊比較好，即使到最後錯了、累了、傷了，都不後悔，也不用後悔。有些人做了一件事情，最後付出了代價，比如感情受了傷或者身心疲憊，當你問他：「如果讓你再選一次，你還會這麼做嗎？」大部分人的回答都是肯定的。

根據大部分人的經驗：人生的下半場，人們會對自己沒有做的事情感到後悔，對於自己做過的事情，反而沒有那麼強烈的感覺。

歌曲《假如》中有一句歌詞：「想假如是最空虛的痛。」是呀，沒有假如，只有眼前，錯過了就是錯過了。當下錯過了，有時候就是錯過了一種人生。這也是遺憾帶給人最無力的感受。

在該爭取的時候就要學會爭取，去試一試，說不定會有改變。如果你連試都不試，真的連一點可能都沒有了，連老天都幫不了你。不要到最後後悔的時候，只能無奈地自言自語：「假如時光倒流，我會怎麼樣？」

強子小時候就想當室內設計師。上了大學之後，雖然離自己的夢想近了一步，但是強子知道，要想成為理想中的設計師，最好的學校在國外。

可是出國留學，需要一大筆學費，他根本負擔不起。唯一的辦法就是爭取公費留學的資格，可是這談何容易。學校有那麼多的人都在爭取僅有的幾個名額，自己也並不是最優秀的。

強子猶豫了，一邊是快要觸碰到的理想，一邊卻是無奈的現實。強子有點退縮了。看他這樣，同學對他說：「既然大家都在爭取，你為什麼不加入呢？趁現在還有時間。還沒有努力就覺得自己得不到，那永遠也得不到。你的設計師夢想只會成為塵封的記憶。」

強子本來就不是爭強好勝的人，也最怕與人競爭。可是，聽了同學的勸導之後，他覺得如果這次他不去爭取的話，那真的會後悔一輩子。

思考了一夜之後，強子決定拚了。他開始主動與系裡的老師聯繫，也開始聯繫國外的學校，更加努力地學習室內設計的專業知識。最終終於讓他取得了資格，大三那年，他就被送往國外留學。如果是以前，強子真的不會主動去爭取。他很感謝鼓勵他的同學。

經過這件事，強子看待人生的態度也改變了很多：凡事不再被動地等待，而是積極地爭取。因為他發現爭取了真的會不一樣。自從改變自己的人生態度之後，路比以前走得更遠了，很多事情都如願以償。

強子真的走向遠方了。因為他懂得改變自己被動等待的態度，掌握了自己人生的主動權，人生道路也從此不同了。**人生很短暫，你的夢想，你的愛情，你想要的生活，不要讓它們在時光中擱淺了，也不要讓它們布滿灰塵，只在回憶裡待續。**

那些活得很精彩的人並不是受老天的特別眷顧，而是敢於爭取自己想要的。即使需要很大的勇氣，他們也要突破自己；即使路途艱辛，他們也在所不惜；即使可能失敗，他們也義無反顧；即使受傷或被騙，他們也絕不後悔。

人生若不主動爭取，只會隨波逐流地過著平庸的日子。在該爭取的時候去爭取，是對僅有的一次生命的負責。

CHAPTER

5

把握界限感：

不威脅他人利益
不放棄自己立場

面對那些利用你、輕視你、不斷找你麻煩的人，要學會坦然拒絕。只有維護自己的尊嚴，才能提升你在別人心中的分量，贏得尊重。

笑容滿面，不一定換來尊重

公司裡有一個叫陳陳的同事，一開始跟她接觸的人都會覺得她熱情大方，性情溫和，不管什麼事找她幫忙，她都答應，尤其在老闆面前更是笑臉迎人，老闆提出的要求她從不拒絕。

每次部門經理開會，等大家一一說完建議後，她都會面帶笑容地附和：「大家說得很棒，我也附議。」

其實部門經理性格直率，做事雷厲風行，員工提出的任何意見他都會權衡之後給出合理的答覆，而不會故意刁難員工。可是，陳陳就是改不了奉迎的習慣，誰也不知道她內心真實的想法。

在老闆眼裡，她是一個沒有主見的人。她不知道的是，老闆喜歡以誠相待、不卑不亢的下屬，一味微笑附和只會讓她失去存在感，不可能得到老闆的重視。

因為她這樣的好脾氣，同事經常找她幫忙，她也馬上答應，她做的事情比誰都多，每天忙裡忙外，很少有休息時間。有時候她實在忙不過來，就會找我幫忙，我於是開導她：「你為什麼要這樣呢？你知不知道，這樣活著很累，不是所有的忙你都要幫，你要學會拒絕，做好你份內的事，過好你自己的生活。」她一臉委屈地說：「大家都很熟，又是小事，我拉不下臉面拒絕。同事關係搞不好，會吃虧的呀。」我氣憤地說：「難道你這樣就不吃虧嗎？」她啞然無語。

果然不出所料，年底公司部門整合，她被調到另一個部門去了，大家心知肚明，那是一個無足輕重的部門。可能她到現在都不知道為什麼是這樣的結果。新來的同事說起這件事，問我：「陳陳怎麼能可不受歡迎？她沒做錯什麼啊？」我知道他們心裡充滿困惑，我說：「一個不懂得拒絕、不表達自己真實想法，只是一味奉承、甚至逢人便笑的人，其實是討人厭的，無法表現自己的價值，也不能真誠待人，沒有真誠，就沒有尊重。在激烈的職場競爭中，終究會被淘汰。」

是的，生活中還有很多像陳陳這樣的人，表面上他們沒有做錯什麼，但是，**良好的人際關係絕不是你對我好，我對你好。職場如戰場，你要表現能力，證明你的價值。**我們每個人的時間和精力有限，面對別人的所求之事，如果一一答應，勢必會占用你大量的精力，影響你自己的工作。自己的事情做不好，拿什麼證明自己。懂得拒絕，不讓自己陷於瑣碎的事務，專心做好自己的工作，做出成績，贏得別人的欽佩，又何苦處處看人臉色？

俗話說：「拉不下臉面，上不得檯面。」中國人很講究面子，要拉下臉，有時確實很不容易。可是請你記住，**寧可撕破毫無價值的臉面，也勝過勉強維持虛偽的關係。虛偽的人際關係只會讓人身心疲憊，甚至爾虞我詐，絕對不會贏得尊重。**

這個世界上有各式各樣的人，不是所有的人都值得善意對待，面對那些利用你、輕視你、不斷找你麻煩的人，你要學會坦然拒絕。只有維護自己的尊嚴，才能提升你在別人心目中的分量，贏得尊重。

放下的是面子，得到的是氣度

面子值錢嗎？人人都有面子，人人都愛面子。不過，每個人愛惜的方式卻不盡相同。有人為了面子爭論不休，不惜大打出手；有人為了面子埋頭苦幹，為了他日衣錦還鄉；有人為了面子不顧別人的面子；有人既愛惜自己的面子也考慮到別人的面子。

日本一位文學大師說：「受過委屈的人熬到出頭之日，也會讓別人嘗嘗他受過的委屈。所以我一直謙卑待人，只為了有朝一日不至於被人踩在腳下。」

這番表白非常直率，他有勇氣承認自己的謙卑並非出於高尚道德，而是出於私心。想想，顧及別人的面子，何嘗不是愛惜自己的做法？

我剛步入職場那年，不大懂得公司裡的人際往來之道。每每在工作中發現問題，總是直言不諱，也不考慮對方是同級還是上級。同事被我指責的時候也只是尷尬地笑笑，但是老闆卻是面色鐵青，氣得半天不說話。當時我還覺得老闆肚量小，沒有風度。現在回想起來，老闆沒有故意刁難我，已算是萬幸了。最後我辭職了，不是被老闆開除，而是同事關係太過緊張，不得已辭職。

第二份工作的情況也差不多，但是我已從中吸取了經驗。現在，我能夠游刃有餘地處理同事關係，真的很感謝第一份工作的磨練。

當我在職場中拚殺了幾年，坐上專案經理的位置時，我常在幾個共事的下屬身上看到自己當年的影子。

一次，一個新人沒有徵詢我的意見就自作主張跟同一個客戶簽了訂單，而這個客戶剛好被我列入黑名單。這個新人當然不知道這個客戶有多難應付，他只是看著跟他一起進公司的同事都做得不錯，只想拚命趕上。

我問清事情的原委之後，讓他自己解決這次的爛攤子。誰知道，他雖然知道自己搞砸了，還是嘴硬不承認，說什麼即使遇到難纏的客戶，也要用誠意打動。我當時只是笑笑，沒多說什麼，加上其他同事也在場，我知道他拉不下臉認錯。

總之，他自己簽的客戶自己應付。接下來的幾個月，他幾乎每個星期都要為那個客戶跑腿，更是頻繁接聽客戶打來的電話。最後就像我預料的那樣，那位客戶找各種理由只支付了部份訂單的款項，尾款很難追回來。那位下屬為了挽回面子，不得不熬夜加班。季度考核之後，他主動找我承認錯誤。我本來想借機說他幾句，不過，看樣子，這次教訓已經讓他學到不少了。

如果純粹只是為了面子，為了虛榮，沒有必要僵持不下，退一步只會突顯你的涵養和風度；相較之下，面子只是一張一戳就破的紙罷了。可惜，還是有那麼多的人戳不破這一層薄紙。

坦率拒絕，勝過違心答應

只要你仔細觀察就會發現，那些在人際交往中頗受好評，很有「人緣」的人，往往具有樂觀、自信、開朗、直率、真誠等正能量品格。這樣的人樂於助人，為親友著想，為老闆解難，但是同時也保有自己的原則，遇到自己無能為力的事，甚至是無理要求時，他們會坦誠地表達自己真實的想法，然後堅決拒絕。他們明白**人生的可貴之處就在於活出自我，活出真我的風采。這是一種積極的人生態度**，他們身上永遠充滿了活力，誰不喜歡跟這樣的人相處呢？

看一個人是否真誠坦率，就要看他在生活中會不會拒絕。現實生活中，我們每個人都需要別人的幫忙，也會幫助別人。但不是所有的忙你都要幫，所有的要求你都要答應。遇到一些情非得已的事，甚至是無理的要求，我們要學會拒絕別人。那些總是無力拒絕的人，往往個性猶豫、沒有自信，他們總會為自己說不出口的拒絕找很多理由，長久下來，他們的自我被虛偽的面具所隱藏，展現不出真我的一面。他們害怕拒絕會破壞人際關係，始終開不了口說「不」，一次次違心地答應，換來的不一定是別人的尊重和理解。這樣的人活得很累，因為不懂得拒絕，他們總是陷入別人的瑣事，為此煩惱不已。

直率坦誠地拒絕並不是完全不顧及別人的感受直接回絕，那樣肯定會讓人感覺不快，影響人際關係，甚至會傷感情。既要表達出自己真實的想法，又要達到拒絕的目的，需要我們用心體會。可是生活中不是每個人都明白這一點，總有人說不出拒絕的話語，讓自己麻煩不斷。

有一天我剛下班，就接到了朋友鄭兒的電話，電話裡她的語氣焦急煩躁。我有點意外。鄭兒的性格我知道，平時她是一個很溫和的人，很少看到她著急的樣子。她說想約我出來談談心，我猜她可能遇到麻煩事，就爽快地答應了。

一見面，她一改往日的好脾氣，大聲叫道：「煩死了，我日子過不下去了！」

我打趣說：「連你這麼好脾氣的人都生氣了，還真不容易，說來聽聽，到底是遇到了什麼事？」

她說：「哪裡啊，你們看到的都是表面，真是家家都有難念的經啊。大家都知道我脾氣好，我就是這樣的人，不喜歡跟別人爭。確實，有什麼好爭的呢，爭來爭去多沒意思。前些日子，我老公的哥哥和嫂子吵架，兩個人都不管孩子，就把孩子送到我這裡，我每天要做飯給孩子吃，還要輔導課業，我都變成保姆了。一、兩天就算了，現在都一個星期了，我怎麼受得了，煩死了。」

我說：「你要跟你老公好好談一下，長期下去，你哪受得了。」

小鄭說：「我說過了，可是他說：『都是一家人，你就幫著吧。』昨天，我打電話給大伯，希望他儘快把孩子接走，大伯聽了很不高興，說什麼不就是幫著照顧一下，才照顧了幾天就這麼不耐煩，簡直不把他當一家人看。」

聽完鄭兒的訴苦，我勸她好好地反省。這麼多年來，她為了朋友的情面，為了維護家庭的和睦，隱藏了真實的自我。在外人眼裡，她有這麼多朋友，有一個幸福完整的家，可是又有誰知道她慢慢地失去了自我，活得愈來愈沒有自信，愈來愈空虛，面對別人強加的要求，她又無力拒絕。沒有自己的個性，難以得到真正的尊重；沒有自我地生活，把別人的事當成自己的事，最後只會麻煩不斷，苦不堪言。

我們都是獨特的生命個體，**活出真我，就是擁有自由的靈魂，而不是任人擺布，**不是做一個被別人裝進袋子裡的人，我們要學會卸下面具，展現出自我，贏得別人真正的尊重！人際關係不是簡單的你對我好，我對你好。尊嚴是建立在獨立之上，沒有獨立的人格，獨立的思想，丟失了自我，又如何能夠得到尊重？

有時候，讓「真我」露露臉，不要把真實的自己隱藏在溫和的面具下，才是明智之舉。**學會拒絕，活出真我的風采，學會說「不」，用智慧迎接生活的挑戰，用信心跨越人生的障礙，**你會發現，那些麻煩都不見了！

說服，也要給別人一個臺階下

高中時，班上有個男生口才很好，幾場辯論賽下來，對手完全啞口無言，為班級贏得了榮譽。按常理，老師一般會對這樣的學生青睞有加。但是身為同學，我們都看得出來，除了班主任，其他任課老師對他都是不冷不熱。箇中原因，我們大概猜得到。因為這位男生在班上的人緣非常差，這跟他說話的方式有關。

無論是探討問題還是閒聊，這個男生總是力求眾人信服他的觀點，幾乎到了不依不饒的地步。最後，同學如果正在說什麼話題，看他來了，便馬上打住，或者乾脆原地解散，剩他一個人在那裡莫名其妙。那段時間，這位男生有點消沉，也有同學覺得這樣做太過分，想要道歉，但終究還是不好意思開口。幸好沒多久，升學考試的沉悶氣息便壓了過來，大家都埋首讀書，這種尷尬也就不了了之。

高中畢業之後，同學間少有聯繫，只知道他考取了一所不錯的大學，在學校也非常活躍。後來一次同學聚會，大家又見面了。不知道誰說起了那件事，他擺擺手，笑著說沒事。但挑起話端的那位同學喝多了，怎麼也勸不住。

最初那位同學說完之後，接著又有幾個同學圍過來，向他道歉。當時他低著頭，我看不清他臉上的表情。等他抬起頭，卻又是一副雲淡風輕的樣子。

「對於那段被排擠的日子，想起來，可能大家都不會輕鬆吧。」他說。

「我們不是有意排擠你，當時太年輕了，想什麼就做什麼。」一個同學解釋。

「我沒有怪你們的意思。畢竟這件事從根源來說，也是我自身的問題。當時我也是年輕氣盛，以為自己辯論能力好，就一味地逞強，說話完全不顧別人的感受，往往讓別人下不了臺。對你們這樣，對老師也是這樣，我還以為這種說話方式才叫直率。說起來，應該是我要跟你們說對不起，不知道當時多少人被我逼得一肚子火。」他看了看周圍的同學，勉強地笑了笑，「當然，一開始我並不是這樣想，我將責任都推到你們身上，覺得是你們不肯面對自己的錯誤。但是後來也想開了，很多事情本來就沒有絕對的對與錯，我非要爭出對與錯，這就是我不肯面對自己的錯誤。升學考之後的那個暑假，我學著適時保持沉默，也學習如何說話，如何在說服別人的時候給別人臺階下。現在看來，那段時間沒白費功夫。」

一番感嘆之後，飯桌氣氛又融洽起來，彷彿一切隔閡沒有存在過一樣，不過，想必大家從中收穫了很多吧。

在說服別人的時候給別人臺階下，這位男生無意間說的話讓我又想起了前不久發生的一件事。當時我和同事去商場買衣服，結帳的時候正好遇到一位顧客要退貨。她手上拿著一件大衣，聲稱自己只有試穿過，但是覺得不適合自己，想退貨。收銀員檢查了發票，在可退換的期限，但是在檢查衣服的時候，她皺了皺眉頭說：「這件衣服乾洗過了，按照規定，無法為您辦理退貨。」

那位顧客當時臉漲得通紅，卻依然大聲地爭辯：「怎麼可能？我自己買的衣服我還不清楚嗎？我絕對沒有拿去乾洗過。」

那位年輕的收銀員也不甘示弱，指著一處黑漬說：「一定是這裡髒了，你送去乾洗發現洗不掉才來退貨。衣服上有乾洗的味道一聞就聞出來了。」

就算顧客被人說中了，卻依舊強調自己沒有送去乾洗，還說衣服上的汙漬剛買時就有了。就在兩人爭執不下時，賣場組長過來了。問清原由之後，她先斥責那位收銀員不該大聲喧譁，又親自跟那位顧客道歉，之後說：「我相信您說的話，但是有沒有可能您的家人幫您送去乾洗了，而您不知道呢？」

「也許吧。算了，我自認倒楣，不退貨了。」

明眼人一看便知道是那位顧客說謊，但是她不承認你也沒辦法。最重要的是，事情被當眾拆穿了，她下不了臺，就算她想作罷也不知道怎麼作罷。而賣場組長的一番說辭讓她不至於太過丟臉，於是她當然見好就收。當時我只覺得組長口才過人，現在想來，正應了這句話——想要說服別人，一定要給別人臺階下。

給別人留餘地，就是給自己留退路

隔壁鄰居有一個小男孩，從小就被寵壞了，總是橫行霸道，無法無天。他經常在學校裡欺負同學，回家了也不安分，經常打擾鄰居。在學校的時候，三天兩頭有家長到家裡告狀，拉女同學辮子啦，把墨水灑在同學身上啦，跟同學打架啦，欺負同學的招數可謂五花八門。他在家裡也不安分，常亂丟垃圾，今天放在這家門口，明天丟在那家門口，或者在別人家大門亂塗鴨，或者惡作劇敲鄰居的門。對於種種惡習，鄰居雖然很厭惡，但是覺得他畢竟是個孩子，都只是簡單教訓兩句，不會跟他計較。這麼一來，他反而更加肆無忌憚，像個小霸王似的。

前一陣子我回家，我媽跟我話家常，說鄰居家的孩子跟學校有一些糾紛，我見怪不怪，問：「又捅什麼婁子了？」沒想到我媽說那孩子這次沒惹事，倒是他們老師，進教室的時候看見他同桌的同學揉著膝蓋哭，便不分清白拉他出去罰站。結果一氣之下用力過猛，那孩子又沒站穩，摔了一跤，頭磕在桌角上，額頭當場就腫了。老師擔心孩子受傷，趕緊帶他去醫務室，後來又親自送孩子回家，也算是盡心了。

回家後父母見兒子這個樣子，以為他又在學校打架了，又心疼又生氣。問清楚後才知道是老師的責任，又聽說同學哭是自己不小心摔倒，跟自己兒子沒有任何關係。當時礙著老師的面子，孩子的父母雖然說了幾句，但也沒說太過分的話，畢竟那位老師一直在道歉。

可是第二天，孩子的父母直接去校長辦公室，要求那位老師賠償，並給他們的兒子道歉。話愈說愈激動，他們甚至要求換掉那位老師。

雖說身為一校之長，這種事見多了，但這麼難纏的父母還是第一次碰到。他們也把孩子帶過去，讓校長「驗傷」，還說事情不解決就要告到教育部去。當時校方正在申請優良學校評鑑，關鍵時刻，絕不能出差錯。

為了大局考慮，校長先是試圖和解，說支付醫藥費和道歉可以接受，但是換掉老師就不行了，畢竟那位老師已經在這個學校教學十幾年，為了一個小失誤就把她換掉，她面子過不去。再說，現在都快臨近期末考了，突然換老師會影響學生的學習進度。但是，好說歹說，孩子的父母就是得理不饒人，一直聲稱不換老師就去教育部投訴。校長沒辦法，最後答應了他們無理的要求。

其實，孩子的父母之前並沒有詳細地瞭解情況，那位老師雖然不怎麼喜歡小男孩，但是，對他卻是一視同仁。這次事件之後，新老師對這個孩子愛理不理，完全放任自由。為什麼？原因很簡單，她擔心萬一惹到了那個孩子，他的父母又來學校糾纏不休。不僅是這位新老師，其他的任課老師也差不多將這個孩子視為「遠離品」，唯恐自己出點什麼差錯再被他父母纏上。

如此一來，結果可想而知，那孩子的成績直線下降。他父母又來學校問責時，校長、班主任、任課老師全是一副「這不是你們想要的」嗎？

最後，我媽感嘆一句，這孩子現在整天悶悶不樂的，看著真讓人心疼。唉，也都怪他父母，太得理不饒人了，把事做得那麼絕，完全不給別人商量的餘地。

看來，**給別人留一點退路，也是給自己留退路，把別人逼得無路可走，自己以後的路也走得不順**。所以，平日裡得饒人處且饒人，未嘗不是對自己的救贖。

生活是自己的，不必向外尋找答案

時常有人告訴我們，生活是自己的，不能太在意別人的看法，可是真正按照自己的意願生活，拋開旁人的眼光，堅定自己信念的又有多少人？

如果你總是左搖右擺，隨著別人的目光變來變去，就會與期望和幸福愈來愈遠。到最後，留給自己的，只剩無盡的掙扎和鬱悶。

小月嫁給了大學同學，對方的人品好，工作能力也不錯，只是家境一般，暫時買不起房子。因為兩人感情很好，面對沒有房子的他，她也果斷地嫁了。結婚之後，兩個人的生活還不錯，她有穩定的收入，他也一直努力工作。他們計劃著，等存夠了頭期款就買房子。

一年後，小月的妹妹也準備結婚。婚前，妹妹要求男方家裡一定要買房子，她覺得，沒有房子就等於沒有家，如果沒有房子，說什麼也不嫁。說著說著，還把姊姊當成「前車之鑑」搬出來講。妹妹說：「我姊就是沒房子，現在還在租屋，要存頭期款，以後還要養小孩、還貸款。這輩子，多辛苦啊！我不想跟她一樣。」

原本，小月從不覺得生活苦，可是聽了妹妹那番話，心裡很不舒服。婚前，妹妹曾跟她提起，男方家裡至少要出得起頭期款再結婚，可是她覺得房子沒那麼重要。如今，想想往後的生活，真的就跟妹妹說的那樣，她心裡的幸福感，突然消失了。

後來，妹妹如願嫁了一個有房子的男人。婚後第二年，又換了一輛車。這讓小月覺得更不幸福了。在家的時候，她總是沉默寡言，脾氣也變壞了。只要丈夫有什麼不對的地方，不管大小事，她都會亂發脾氣。她甚至覺得自己當初的選擇是錯的，不該為了所謂的感情好而結婚。

丈夫知道小月心裡在想什麼，也比以前更努力，希望可以早點存夠錢。可是他難過的是，不管他做什麼、付出什麼，小月很少鼓勵他，總覺得是他應該做的。兩個原本感情很好的夫妻，竟然漸漸形同陌路，就好像同一屋簷下的「寄居男女」。

小月的生活發生了什麼變化嗎？她覺得幸福，享受的是兩人一起奮鬥的甜蜜；她覺得不幸時，丈夫和她依然同住一個屋簷下，感情也沒有變質。唯一不同的是，她丟失了自己的幸福標準。別人說，「有房才幸福」，她便丟棄了「情比金堅」的初衷，只盯著自己沒有的東西，總覺得在外人眼裡她過得很不堪，想追求別人認可的幸福。

退一步想，如果小月還堅持著自己對幸福的最初認知，堅守著他們美好的感情，享受一起努力的快樂，那麼丈夫就不會覺得失落，她也不會覺得難過，兩人的日子肯定過得更好。可惜，小月太在意別人的看法，太容易受別人的影響，縱使他們明天就有房子了，她的幸福感也很容易因為其他的事情而失去。都說「家和萬事興」，她的家現在連「和氣」都沒有了，兩個人又要靠什麼相互鼓舞，對生活產生熱情呢？

看別人的故事時，很多人都能把問題想得很透徹，一旦事情發生在自己身上，往往變得不知所措，隨波逐流。其實，不過只是從另一個角度證實了，你內心的滿足來自別人投射的色彩基調：當別人羡慕你時，你就覺得自己是幸福的，非常滿足；當別人否定你時，你就開始慌張，迷失了方向。

事實上，把別人的看法視為終極目標，就等於陷入了物欲設下的圈套。這就好比「紅舞鞋」故事，紅舞鞋的外表漂亮充滿誘惑，一旦穿上，就再也脫不下來了，只能瘋狂地轉動舞步，即使內心充滿了厭倦和疲憊，可是臉上卻依然掛著幸福的微笑。當在別人的喝彩聲中，終於以一個完美的姿勢為人生劃上句號時，才發覺這一路的風光和掌聲，帶來的竟然是說不盡的空虛和疲憊。

每個人都該有自己的生活態度和方式，都要有自己的評價標準。若是為了取悅別人，一味地滿足他人的價值觀，為難自己，為難最親密的人，只會落得痛苦和悲哀。別人的目光縱有千千萬，也比不上對自我心靈的誠實，沒有任何人可以成為自己人生舞臺的設計師。

要想快樂地生活，就要有自己的主見。有主見，是對自己有清醒的認知，知道自己想要什麼，適合什麼；有主見，是懂得愛自己的表現，保持獨立的人格，而不失去自我的本真；有主見，是淡定後的成熟，不會被突如其來的事物打亂思緒，而是在理智中找尋解決問題的辦法。

從這一刻起，不要再讓他人的論斷束縛你前進的步伐，活出真實的你，用能力打造自己，用行動感化他人，用始終不渝的信念點燃幸福的明燈。不必委曲求全而讓人憐憫，也不必背負世俗而壓抑自己的夢想，更不要隨波逐流而失去自我。堅持你認為對的，選擇你真正愛的，生活得更好不是為了別人，而是為了你自己。

像對待自己一樣對待別人

從前的她，是何等的「傲氣」，對不喜歡的人，永遠是一副冰冷的姿態。在她的世界裡，不喜歡就意味著彼此之間沒有交集，就意味著彼此是兩個不同世界的人，就意味著我的一切與你無關，不管你是同事，還是上司。

這份傲氣，讓她在現實中碰了一鼻子灰。一次又一次的失業，有的是自己賭氣離職，或者無奈被迫離開，雖然走的時候她表現出一副鑾不在乎的樣子，雖然事後有人說欣賞她的個性，可是那又如何呢？再有傲氣的人，也是要吃飯和生存的。

畢業三年，當年同期的人，大多數已經在各自地盤站穩了腳步，而她還在風雨中飄搖，與世界格格不入。她心裡有一種莫名的挫敗感，自己有才華，有個性，就是不得志。她覺得是生活的錯，是環境的錯，是別人的錯。

偶然一次，好友出差來到她居住的城市，兩人便相約敘舊。當初，她們能夠成為知己，也是因為年紀相仿、職業相近、想法相通，對喜歡的人，都願意肝腦塗地；對不喜歡的人，說一句都是多餘。活在自己的世界裡，以為自己是清高的蓮花，無形中拒絕了很多人、很多機會。

如今，她發現，朋友已經和兩年前不一樣了，不只是言談舉止，還有她的思想。她似乎已經完全融入了社會，也接納了許多。言談之間透露的是一股包容，過去談到某些激烈的話題，她的情緒會很激動，可是現在，她只是一笑帶過。

她說：「你好像變了。不過，我也不討厭，反而覺得你活得更坦率了。」

朋友說：「是吧。我都三十一歲了。從前那個憤世嫉俗、清高自傲的女孩，已經消失在歲月裡了。可能是我想通了吧。」

她問：「想通了什麼？」

朋友說：「這個世界不是我一個人的世界，生活不是我一個人的生活。既然身在這樣的環境裡，就一定會遇見形形色色的人，喜歡的人，不喜歡的人，都以他們方式生活著。我們不過是跟這個世界借一塊地，成長，成熟，他們也是這樣。只是，我們難免會有所接觸，那就各自尊重吧，最後我發現，其實也沒什麼大不了的。所謂的厭惡，不過是內心不接受別人的生活方式。可是別人也不是為我們而活，為什麼要為我改變？接受，永遠比抵抗要舒坦得多。」

她說：「這就是所謂的成熟吧！」

朋友說：「你也該成熟了。」

語畢，兩個人相視一笑。

那次和朋友相聚之後，她想了很多。想到自己毫無起色的工作，一成不變的生活，孤立無援的狀態……她反思是否真的是自己的錯嗎？曾經有人跟她說過，她就像一隻刺蝟，不知道什麼時候會被她刺到。她決定要拔掉身上的刺，收起那些棱棱角角。

一開始，有點艱難。她依舊有看不慣的人，看不慣的事，每當她快要發怒或不屑一顧的時候，她都會刻意地控制自己。朋友告訴過她，自己用什麼態度對別人，別人也會用什麼態度回應。她試著請不喜歡的人吃飯，只是一頓簡單的飯，卻讓彼此間的隔閡減少了許多。無意之中，少了一個「敵人」。時間久了，她也就適應了。縱然不喜歡，只要對方不抵觸自己的原則，不去深交就是了，不必弄得劍拔弩張。

這樣的經歷，幾乎每一個從幼稚走向成熟的女人，都曾有過。年輕的時候，囂張跋扈，個性鮮明，對自己不喜歡的人，總是避而遠之、嗤之以鼻、置之不理，從不主動示好。即使沒有利益糾葛，也一樣排斥不願意跟對方互動，實際上就是主觀意識在作祟。若是彼此之間存在著很大的衝突，最後便會形同陌路。結果，弄得人緣一團糟，工作一團糟，生活一團糟，好像全天下的人都在跟自己「作對」。歸根究柢，問題還是出在自己身上。

一位母親勸誡女兒說：「要學會對你不喜歡的人微笑。」女兒當時只有二十歲，並不理解母親的用意。當她到了二十五歲，經歷了許多事，見過了很多人，她突然明白了母親說的話。那不是一種軟弱、一種妥協，而是一種豁達、一種圓熟。

女孩說：「對不喜歡的人微笑，並不是一件多難的事，關鍵是克服心理上的障礙，一切就會變得很自然。」女孩提及自己的改變心得，她分享了四句話。

第一句話：**把自己當成別人**。

保持平常心，別太在意得失榮辱，也不要因為一點不如意就擺臉色給周圍的人看。你不喜歡一個人，可能是因為他反映出你某些缺點。對那些看到自己缺點的人說聲「謝謝」，他讓你知道該從哪裡改善自己，這也是一種獲得。

第二句話：**把別人當成自己**。

不要總以自己的尺度衡量別人，多設身處地為他人著想，就不會那麼較真了。每個人都有自己的特質，自己的脾氣，求同存異就好了。如果只因為對方的性格、行為與自己不一樣，就拒絕往來，那會讓你失去很多結交朋友的機會。寬容一點，別太計較，多理解別人。

第三句話：**把別人當成別人**。

人與人之間，相互尊重是很重要的。你如何對別人，別人就如何對你。你尊重別人，對別人笑臉相迎，將心比心，別人也一樣會這樣對你。冷漠和敵意，只能把對方「推」到自己的對立面。試著用溫和友好的方式與人交往，冰石也會融化。

第四句話：**把自己當成自己**。

在自知的基礎上建立自尊與自信，成熟地與人相處。你所認識的每個人，或多或少都會對你有所幫助，也許是現在，或者是未來。無論你對這個人的感覺是什麼，都要保持一個正確的心態，你不喜歡的那個人，也許就是你的貴人；你擦身而過的「路人甲」，也許就在某個時候會幫你一個大忙。

心智尚未成熟的人，不要再用幼稚的方式與人交際，不要給人留下自以為是、自命清高的印象。**尊重身邊的每一個人，對喜歡的、不喜歡的人都示以微笑，是一種氣度，也是一種睿智**。

小心！別讓損友害了你

你結交的是什麼樣的朋友？你身處在怎樣的圈子中？對我們而言，和誰成為朋友，比去結交朋友，更值得深思。

薔薇離開她生活了二十幾年的武漢，去一座海濱之城展開新生活。她說，關於武漢的回憶，全是悲傷。除了失戀，還有欺騙。

第一件事，是背後的誹謗。

她的朋友小沫，二十七歲，愛上了一個男生，結果懷孕了。她為小沫出面，希望對方負責，最後男生害怕承擔責任，竟消失不見。她陪小沫去了醫院，之後，讓小沫住在自己家裡。薔薇告誡過小沫，做女人要潔身自愛，身體是自己的，再這麼下去，遲早會出事。這已經是小沫第三次墮胎了。可是薔薇卻發現，小沫竟然在背後傳了很多關於她的閒話，感情上的家庭上的都有。薔薇覺得自己好像變成了一個赤裸裸的人。當初，她因為相信小沫，才跟她述說自己的家庭和感情，卻沒想到變成了「以訛傳訛」。

第二件事，是可怕的網友。

薔薇在臉書上認識了一個網友，兩人剛好都住在同一個城市，就約出來吃飯。當時，薔薇正生著病，網友陪她去醫院打點滴。碰巧，薔薇沒帶現金，打算刷卡，沒想到網友卻幫她墊了醫藥費。薔薇心裡本來已經不敢相信別人了，最後還是選擇了相信。她對網友說：「你一個人在武漢，每天住旅館，不太安全。反正我一個人住，不如你就來跟我住吧。」

網友搬來住了一個月。薔薇要到上海旅行，要網友陪同，網友藉故說不去。一週後，薔薇回到家，家全空了，值錢的東西都沒了。包包、衣服、化妝品，全都不翼而飛，只剩下一瓶洗髮精。

薔薇笑自己真傻。兩人認識這麼久了，她一直叫網友阿麗，可是她連阿麗的真實姓名都不知道。

第三件事，是傷人的學妹。

讀書時，薔薇結識了一位學妹。女孩父母離異，家境不好，出於善心，薔薇一直幫她的忙。好幾次，她跟薔薇借錢，薔薇就慷慨解囊。後來，薔薇發現，學妹把錢全拿去供養一個好賭的男人。欠薔薇的錢，她根本就還不起，卻也不肯離開那個無恥之徒。薔薇不打算要那些錢了，只覺得心寒。

我們都需要朋友，可是如果像薔薇那樣總是「遇人不淑」，那麼朋友帶來的就不是益處，而是傷害。

薔薇離開武漢之後，與一位導師聊天，提及那些經歷，提及自己不愉快的生活，導師說了一番話：「朋友就像一面鏡子，選擇什麼樣的人做朋友很關鍵。一旦選錯了，想法、生活、行為都會受到不好的影響。你的不快樂，和那些交往的人，都有關係。」

社會是複雜的，我們在追求生活的同時，也需要擦亮眼睛，認清什麼樣的人才能成為朋友。**真正的朋友，是會讓你振作起來的人，是會讓暗淡無光的世界頓時燈火通明的人**。我們應該結交那些有胸襟、有品味、有學識的人，唯有和他們在一起，才能汲取到他們身上的優點，豐富自己的內心。

陶亮畢業之後，隻身前往深圳打拚。多虧同學的幫忙，陶亮早早就安定了住處，之後便開始了艱難的就業生涯。

陶亮不停地寄出履歷，眼看著手邊的錢就快花完了，終於有公司肯錄用他了。他進入一家諮商公司上班，雖然壓力有點大，工作量也不小，可是在這個陌生的城市裡，有了一份能謀生的差事，還能認識一些新朋友，他也覺得挺好的。

可是，在諮商公司待了兩個月之後，陶亮就發現了「問題」。公司招聘新人的時候，根本沒有學歷限制，只要口才不錯、反應機敏，或是有相關經驗，就錄用。多數同事，學歷也只有專科或高中。因為是做電話業務，偶爾會遇到好辯的客戶，很多同事就在電話裡跟對方吵起來，還帶著一些侮辱性的詞語。

在這樣的環境裡待久了，陶亮竟然也耳濡目染地學會了那些不好的習慣，常常對著電話大聲嚷嚷，偶爾爆兩句粗口。一次，陶亮跟同學聚餐，無意間冒出了一些不好的口頭語，同學大為吃驚：「陶亮，你現在怎麼變成這樣了？以前，你從來不說髒話的啊！」

陶亮聽了之後，也覺得很羞愧。從前那個有修養的自己，如今怎麼會變成這樣？他意識到，這都是因為在公司裡看的、聽的多了，才會如此。同學勸他換一份工作，因為在那樣的環境待久了，多少會受到影響。

即使帶著不捨，陶亮還是辭職了。後來，他到一家文化公司做宣傳。安定的工作，學歷相當的同事，每天接觸的也是一些有文化修養的人，慢慢地，他又找回了那個得體的自己，並在公司裡增長了見識和學識。

不過，這份工作他只做了一年，就離開了。因為他發現公司裡的同事，大多都是抱著得過且過的心態，總是跟這樣的人一起共事，他擔心自己有一天也會變得不思進取，貪圖「安逸」而喪失激情。

第三份工作，陶亮依然是選擇在文化公司做事。在試用期裡，他細心留意這裡的員工，發現多數同事學識都很高，每個人都散發著正能量。他覺得能和這些人一起工作，成為他們的同事，也能從內而外提升自己。

生活就像一個染缸，形形色色的人都有，近朱者赤，近墨者黑。總是處於不好的環境，心靈和思想也會受到消極觀念的影響，最後隨波逐流。相反地，與品行良好的人成為朋友，你也會變得更加出色。**不要為了誰放棄自己的朋友，但是也要時時刻刻提醒自己：交友，也是對自己的一種負責。**

CHAPTER

6

消滅不甘心：

你吃的都是不懂拒絕的虧

一個內心強大的人，不是把所有的情緒都默默裝在心裡，緊緊包裹著抑鬱的情緒，只會讓心靈失去光澤，對生活失去信心。

別活在別人的眼光裡

生活中我們難免會遇到一些問題，需要別人的幫助。同理，我們也需要幫助別人，只不過，並非所有的請求我們都要答應，面對一些力所不及，甚至是無理的要求，我們要拿出直率的個性，堅決拒絕。

以前我當老師的時候，帶過一個高三理科班。班上裡有一個叫做小萬的孩子，他每個週末都會找我補國文。國文是他的弱項，他想儘快提高國文成績，為將來升學考打下一個好基礎。

和所有的理科生一樣，他很聰明，領悟力很高，第一次見面，就留給我良好的印象。當時，他是和他爸爸一起來的。

第二次補習，他爸爸主動找我說：「老師，孩子說您的課講得很好，他很喜歡。我覺得您要帶他多做題目，他的基礎很差，又不自動，您要對他嚴格一點。」

多年的輔導經驗告訴我，很重視孩子學習狀況的家長，和大多數家長一樣，缺乏正確的指導方法，以為題目做得愈多、成績就會變好。這次補習，他像上次一樣坐在旁邊聽，時不時說一些自己的補習見解。

補習結束後，我找他過來談話，明確告訴他，孩子的國文上問題並不是多做題目就能解決的。接著，我把我的課程安排和目標講給他聽。另外，我請他不要再旁聽，這樣會讓孩子緊張，影響上課效果以及和老師的溝通。

他的臉色當下就沉了下來，我知道他是大公司老闆，多年來的習慣和父性的權威讓他有一種優越感，從來都是別人順著他，但我還是堅持自己的做法。過了一段時間我接到他的電話，他興奮地告訴我，孩子的國文考試考了高分。他也誠懇地反省了自己平時教育孩子方面的一些問題，對我的工作表示理解和感謝。掛上電話，我心裡為孩子的進步感到高興，也為這位家長的理解感到欣慰，也感受到他話語間對我的尊重和認同。

身為一名輔導老師，我深知具有直率坦誠的個性是非常重要的，這是自信的表現。其實不管從事什麼職業，別人與你打交道，首先感受到的是你的個性，**只有當你自然地表現出你的坦誠，說出你的真實想法，勇敢地捍衛你的權利時，才能得到別人的喜愛和尊重。**

現實中，有另一種人，他們習慣扭捏作態，對別人的要求一概答應，卻不付諸行動，這樣的人是不可能得到別人的尊重的。

小胡是一個高大帥氣的年輕人，跟誰都熟，照理說，這樣的人誰都會喜歡。可是事與願違，他連一個知心朋友也沒有。

一位和他共事的朋友說：「他是一個『三不』男人。」

「這怎麼說？」我有些迷惑了。

「不拒絕，不負責，不吃虧。」那位朋友搖搖頭說，「找他幫忙，他總是爽快地答應，結果卻辦不好。上次我結婚，想跟他借車，他一口就答應了，可是我結婚那天他的電話怎麼打也打不通。這種人……」

生活中有很多像小胡這樣的人。他們表面熱情，朋友遍布天下，可是對誰都不真心。可想而知，時間久了，別人也不會真誠地對待他。

心理學上說這種表現其實是一種病態，虛偽的人往往沒有自信，他們要嘛活在自己的想像中，要嘛活在別人的眼光中，過分在意別人對他們的評價，內心充滿了不確定。其實哪裡有別人的眼光呢，不過是自己內心的投射而已。誇張的言談舉止暴露出來的是內心深處的卑微，一味奉迎附和表達的是內心取悅別人的欲望。

可是愈是取悅別人的人，愈沒有價值。他們以為這樣可以討人喜歡，殊不知只會讓人生厭。這樣的人往往也是沒有獨立思想，他們永遠不會說出拒絕的話語，也永遠不會付出真實的行動。

任何時候，你都有權力維護自己的利益

很多時候，公司為了利益，老闆為了公司的發展，為了利潤的最大化，必然會最大限度地利用員工的勞動力，讓員工做最大的工作量，甚至超出員工本來承受的強度，這種情況已經在無形之中傷及員工的利益。然而，大多數員工為了能夠得到老闆的賞識或者害怕得罪老闆，一般都會選擇忍氣吞聲。

如果你也有類似的情況，那麼你就要小心了，很可能你就是公司利益下的犧牲品。你要想清楚兩個問題：是否為了維護公司的利益就不顧自己的利益？自己的利益由誰來維護？

正軍是一家金融公司的職員，為人一向與世無爭，只要是老闆交辦的事情，就不假思索地答應。他認為只要安分守己地工作，即使無法升遷，也不會惹惱上司而被開除。也正是因為這一點，經理似乎從一開始就對正軍特別有好感，不論大小事都喜歡帶著正軍，等到正軍業務熟悉了，就開始讓他接手做業務。正軍受到經理如此的厚待，做事就更加勤奮，任勞任怨。

有一天，經理把正軍叫到辦公室，告訴他說公司要辭退一個員工，自己不好意思去說，因為正軍和這位同事熟悉，希望正軍能夠去跟他說。正軍二話不說，向經理打包票，順利地完成了任務。還有一次，經理說他被其他部門的經理氣得頭痛，不想見到他，下午的會議就讓正軍代為參加。正軍心裡十分高興，認為經理很看得起自己。在參加會議之前，經理在正軍面前動情地痛斥了那個經理如何卑鄙無恥，如何欺負自己。正軍聽在耳裡記在心裡，開會的時候就處處找那個經理的麻煩。

但是，儘管正軍對經理如此支持，經理卻並沒有因此而對正軍有多少特殊的照顧，正軍在他眼裡甚至沒有任何地位可言。

過了一陣子，公司突然裁減部分人員，正軍想著自己的業績不錯，又和經理有「深厚」的關係，只要老老實實工作，肯定沒事。但是，經理卻給他兩個選擇：一是做到月底，外加一個月遣散費；另一種是主動辭職，但是沒有任何補償，最多只發給他這個月工作十天的薪水。正軍幾近崩潰，他沒想到這竟然就是自己在公司最終的結果。他隱約猜出了經理的意圖，十分不甘心，他決定為自己抗爭。

他把自己書櫃中塵封已久的《勞基法》和公司簽訂的合同統統拿過來，徹底進行了仔細而深入的研究，努力找出對自己有利的政策條文，然後又把自己應該得到的權利，哪怕是一丁點兒的利益，也全部都列出來準備索取。但是，他沒有找經理談，而是直接找總經理。

在總經理辦公室，正軍拿著相關文件，一改往日那種畏畏縮縮的謙恭，沉著地說：「總經理，根據《勞基法》規定，公司應當根據勞工的工作年限，每滿一年給予一個月薪水補償。公司的合同上也在這條之後加上了『工作年限不滿一年的，按一年計算』。如果公司要辭退我，那麼我工作的前三年應該每年各有一個月的工資補償，之後雖然未滿一年，也應該按照一年計算再補償我一個月薪水。所以公司至少要賠償我四個月的工資。另外，還有……」

也許因為正軍的說辭有根有據，又直接告到總經理面前，所以沒過多久經理就屈服了，同意賠償正軍四個月薪水。可是沒過多久，正軍就發現自己其實應該獲得更多的補償。抱著「反正要走人了，你無情我也無義，該是自己的一樣也不能少」的念頭，正軍又去了總經理的辦公室。

他平靜地對總經理說：「我和公司簽訂的合同是到明年九月，現在公司要辭退我，應該提前一個月通知。如果沒有提前通知，又希望我馬上走，那麼需要賠償我一個月的薪水。否則，我就到相關部門自己爭取。如果這件事情鬧出去，我想對公司也不是什麼好的結果。相信大家也不想看到事情變成這樣，是吧。」

正軍說完之後，靜靜地等著總經理的答覆。過了一會兒，總經理突然大笑起來：「我本來沒有打算辭退你，只是你們經理一再說你工作能力不強，無法為公司創造任何價值。但是，看到你如此為自己的利益爭取，我覺得這股勇氣和堅持不懈的精神，是別人所沒有的。就憑這一點，我相信你今後一定會做出成績。所以，我決定不辭退你。況且，我也不想把事情鬧大……」

在職場上，只有自己才能為自己的利益考慮，一味地屈從，勢必留給別人軟弱可欺的印象。從而讓有心之人有機可乘。正軍因為為老闆的付出變成了老闆心中的定時炸彈，就是因為沒有在老闆與自己之間定好位。後來，老闆或許因為個人關係，或許因為公司利益，便讓正軍成了「犧牲品」。

與老闆相處，一方面要尊重老闆，認真做好本職工作，對老闆交代的工作任務要不打折扣地完成；另一方面，也不要喪失了自己的原則，不幸被陷害時，要能夠據理力爭，拿起法律等武器對自己進行有效的保護，並為維護自己的正當合法權益積極謀求解決途徑。**在不損害其他人利益的前提下，為自我利益抗爭是合情合理的**。公司的利益要維護，自己的利益同樣也不可以忽略。

做人要直率，忸怩做作沒人愛

人們都喜歡跟說話簡單明瞭、做事乾淨俐落的人打交道；反之，如果遇到一個說話支支吾吾、做事扭扭捏捏的人，往往恨不得馬上避而遠之。

我有一個女同事，走在「奔三」的路上了，被家裡催婚催得特別緊。有一天，她母親打電話過來問情況，順便讓她記幾個電話號碼，說是之後可能會有親戚幫她介紹對象。可是，她覺得親戚介紹的對象全看不上眼，她被逼得沒辦法，只好央求我給她介紹幾個。

她這麼一說，我還真想起了一個比較合適的人選。我讀研究所時一個學長因為忙於工作至今未婚，前陣子跟他閒聊，他也說到被家裡催婚催得緊，請我幫忙留意一下。想著兩人條件差不多，我覺得正好可以撮合一下。於是把兩人的基本資料都跟對方說了一下，我學長這邊說沒問題，女同事那邊也答應見見面再說。

之前有人告誡過我，千萬不要幫別人牽紅線，這完全是吃力不討好的事。成功了還好，不成功的話往往中間人就變成了裡外不是人。當初我沒把這句忠告當一回事，等我醒悟過來的時候，已經後悔莫及。

那天我請學長和同事約個時間吃頓飯先認識一下。我們公司是週休二日，除了特別緊急的事情要加班之外，週末一般都放假，如果約週日，我的同事肯定有空。於是我打電話跟我學長商量時間，他研究所畢業之後直接創業，現在的公司雖然規模不大，但是也發展得不錯，他有時很忙，工作沒有定點，這應該也是他至今單身的主要原因吧。電話接通時，他匆匆跟我說了一句「正在忙」就掛了，對於這樣的情況，我早就見怪不怪了。不一會兒，他忙完給我回了電話，我們兩人關係不錯，沒說客套話，學長直接說他訂了餐廳，到時候把地址傳給我。

我本來覺得這頓飯局沒我的事，結果週末我準備好好補眠的時候，硬是被同事給吵醒了，她要我去她家幫她打扮。到了她家，從髮型到穿著，再到配什麼鞋子，拎什麼包……她全都要徵詢我的建議，我花了大概三個小時才幫她打扮好。

我學長約的時間是十一點半，我看了時間已經十點五十分了，就催促同事趕緊出發。女同事賴在沙發上，動了動，卻沒起身。她見我奇怪地看著她，就說：「哎呀，急什麼，還早呢。」我以為她是太緊張了，於是又坐下來。十分鐘後，她還是沒有出門的意思。

我這才明白，她是在等我學長打電話過來再邀請她一次，才肯赴約。正巧，學長的電話剛好打過來了，說他已經到了，問我們到哪兒了，我只好說已經出門了，一會兒就到。聽到這個電話，我同事才起身。我恨不得拉著她跑起來，畢竟我不喜歡等別人，更不喜歡被別人等。

還好，吃飯的西餐廳離同事的住所不遠，我們到的時候只比約定的時間晚了十幾分鐘。不過想到女同事頭一次跟我學長約會就遲到，我還是覺得有些不妥。幸好，這頓飯的主角不是我，坐了幾分鐘之後，我就藉故離開了。

第二天上班的時候，我問同事跟我學長有什麼進展，她說還蠻滿意的。我昨晚也問過我學長的看法，他說對我同事的印象也不錯。我覺得兩人有戲，以後就沒再關注，讓他們自由發展。

大概過了一個月，同事突然跟我發牢騷：「你那個學長怎麼回事啊？上次吃過飯之後約了我兩次就沒動靜了，他什麼意思啊？」我也覺得很怪，當時還是趕緊解釋說，應該是學長工作忙。

我又趕緊打電話問我學長，沒想到電話一接通，我剛提起我那位同事，學長就抱怨起來：「你那個同事怎麼回事啊？我本來對她印象還不錯，打算繼續交往下去，但是後來約了好幾次她都說沒空，她到底什麼意思啊？」聽了這番話，我想起之前女同事赴約前的情景，我總算明白了箇中原由。

其實兩人都打算繼續交往，但是我的這位女同事不知道出於什麼原因，認為約會的時候男方應當一再邀請才能顯現誠意，所以接到我學長邀約的時候，她就拒絕了兩次。沒想到，我學長是死腦筋，認為對方既然都拒絕兩次了，一定是不想去，也就沒有再聯絡了。

想通之後，我本來還打算幫兩人調解一下，不過想到他們兩人一個死腦筋，另一個扭捏作做，就算現在解釋清楚了，以後也還是會吵鬧，最後就沒有再勸解了。

這件事情之後，那位同事又相親了好幾次，不過到現在也沒成功過。我只能在她抱怨的時候，安慰地附和幾句，卻再也不敢介紹朋友給她。

有一種愛情觀，它說：「如果我們之間有一百步的距離，你只要邁出那一步就好，剩下的九十九步由我來完成。」有時我不敢苟同這句話，**兩人若是想早日攜手向前，應該一起向前走五十步，這樣才能早日遇見**。你扭捏著走出一步，眼看著自己喜歡的人走九十九步，那我只能說，你不夠愛。

別忍著，有苦就要說出來

一位在外打拚的女孩，距離上一次跳樓不成兩個月之後，又跳樓了。那一躍，所有的年華，所有的故事，都隨著塵埃飄散了。她離開後不久，家人在她的枕頭下發現了一本破舊的日記本，零零碎碎地記錄著她的遭遇。

女孩說，她其實早已厭倦了生活。奔波在大城市裡，沒有絲毫安全感，每天戴著面具做人，剩下的只是疲憊。與上司相處要察言觀色，處處小心；與同事相處要謹言慎行，生怕得罪了誰；與客戶相處要熱情洋溢，就算受了委屈也得笑臉相迎。每天遇到各式各樣的人，遇到錯綜複雜的事，有失意，有痛苦，有憤懣。許多話不知道跟誰說，也不知有誰值得相信，憋在心裡久了，就變成了對生活的厭棄。

在浮躁而複雜的世界裡，她那顆脆弱而裝滿抑鬱的心，承受不住生活的重量，就做出了極端的選擇，用結束生命來結束這一切。痛心的事發生之後，周圍多少知道她名字的人不禁扼腕嘆息：你心裡那麼苦，為何不肯說出來呢？

高爾基曾經說過：「我相信，如果懷著愉快的心情談起悲傷的往事，悲傷就會煙消雲散。」

一個內心強大的人，不是把所有的情緒都默默裝在心裡，把所有的事情都扛在肩上，沉浸於苦難之中，緊緊包裹著抑鬱的情緒，只會讓心靈失去光澤，對生活失去信心。一味地沉默，把焦慮以能量的形式存儲在心裡，聚積得多了，心理界線就會徹底崩潰。

在任何情況下，我們都要讓自己保持最佳的狀態，與外界的陰晴雨雪和平共處。當工作的挫折、戀愛的失敗、家庭的變故潮水般襲來時，要勇敢地敞開心扉，為悲傷的情緒找一個出口。當你把內心的真實感受以語言、行動的方式表達出來，哪怕不能直接地解決問題，心靈也會有如釋重負的感覺。所有的事都深埋於心底，就像在心靈上了一把鎖，獨自忍受痛苦，獨自醞釀憂傷。

不只是人類，世間萬物，都在用其特有的方式傾訴。鮮花凋零，花瓣隨風而逝，那是它在向絢爛之夏告別；樹葉隨風飄蕩，那是樹木對生命輪迴的訴說；白雲飄在天際，那是在向天空分享晴天的喜悅。

沐子很喜歡輕哼孫燕姿的那首《天黑黑》：「我走在每天必須面對的分岔路，我懷念過去單純美好的小幸福……」她憶起兒時，和幾個小女孩吵架，哭得像個淚人兒一樣跑回家，在母親的懷裡哭訴委屈。那時的自己很幼稚，很愛哭，卻很幸福。

漸漸地長大之後，沐子開始什麼事都藏在心裡，總覺得母親無法理解自己的想法和做法，彼此間有了代溝。上學、工作、戀愛，生活積累在她身上的東西愈來愈多，絕大多數的時候，她都是默默承受，很少會淋漓地傾訴一番。抑鬱的日子裡，她總把自己關在房間裡，喝酒，哭泣，折磨著自己。壞情緒的肆虐，順帶也害苦了男友，沐子的鬱悶無處發洩，不經意間就會把男友當成出氣筒。

朋友勸她說：「你得學會傾訴。記住，是傾訴，不是嘶吼，不是吵架，心平氣和地說出來。當你把擰得皺巴巴的心情和痛苦，全部都說出來，心裡的苦就會變淡，也會舒服許多。」對於已經有抑鬱傾向的沐子而言，邁出傾訴的第一步，談何容易？可是她還是嘗試了。

沐子至今還記得，第一次向過去的同事傾訴的情景。那天，老闆可能心情不好，無端端地批評沐子。在大庭廣眾之下，沐子的臉整個發燙，她甚至忍不住掉下了眼淚。事後，她心緒不安，心裡委屈得要命，下班時甚至不敢直接回家，生怕自己在家人面前情緒失控。

那一刻，她想到了自己過去的同事，也算是職場裡的第一位「師傅」。

她想打電話給「師傅」，可是撥了電話又趕緊掛上電話。她猶豫了，來回了幾次，始終下不定決心。如果再這麼耗下去，今晚也許要失眠，想到這裡，她鼓起了勇氣。

聽到「師傅」熱情的聲音之後，她懸著的心落了下來。在傾訴中，「師傅」開導了她，讓她覺得自己的遭遇其實算不上什麼，跟「師傅」的經歷比起來，簡直不值得一提。

電話聊過後，沐子心裡的壓抑已經減輕了許多。她明白了，很多事情沒有自己想像得那麼嚴重，只不過自己深陷其中，鑽牛角尖。正所謂，旁觀者清。很多事，你傾訴出來，旁人只要稍稍一點撥，你就會立刻幡然醒悟，笑自己的固執和狹隘。

傾訴是一扇門，你把它打開，心中的快樂和悲傷就能夠自由地流淌；傾訴是一面鏡子，能夠照得見別人，也可以看得見自己。傾訴可以讓人體會到如釋重負的輕鬆，釋放心靈的一隅，獲得心靈的慰藉，看到安然的世界，也可以帶來一份平和心態、一份淡泊的境界和一份感恩的生活態度。

心裡有苦處了，就要大膽地向別人傾訴，別因為不好意思而把自己憋出內傷。

你願意讓工作占據你的生活嗎？

都市中，工作往往是生活的重心，幾乎占據了我們所有的時間。有些人甚至認為工作高於一切，恨不得把二十四小時當作四十八小時來用。不管是主動也罷，被動也好，他們都像陀螺一樣旋轉著停不下來。

我們極其害怕失去工作，因為一旦失去就會沒有安全感。同時，我們又感到非常痛苦，因為我們幾乎被工作「囚禁」了。

我們覺得無可選擇，也許這就是悲催的命運。一位在外企工作的上班族說：「身邊的人不都這樣嗎？你不努力就容易被社會淘汰。今天工作不努力，明天努力找工作。不辛苦一陣子，就會辛苦一輩子！」

正是因為這樣的想法，所以很多人都無節制地透支年輕的身體，因此，忽視了人生中其他重要的東西。他們覺得趁年輕就應該拚命工作，儘早換取財富，其他都應該為此讓路。殊不知，這樣的想法是錯誤的。事實上，一個人不會生活就意味著不會工作。因為工作之餘的活動，比如休閒，往往可以創造源源不斷的生命活力。不會休閒、不關注生活的人，怎麼可能會有活力和彈性呢？從某種程度上講，一味工作而不「生活」的人，失去生活的同時也意味著失去了工作。

劉芳從小就是一個漫畫迷。大學畢業後順利地爭取到一份自己喜歡的工作，從事動畫製作。因為工作拚命，公司同事戲稱她為「機器妹」。她對工作要求很高，常常因為一點小瑕疵，從早晨加班到深夜，整個人好像長在了椅子上。不久之後，她的努力和才華得到公司的認可，薪水也跟著水漲船高，家人都以她為傲。

日子就這樣一天天過去。兩年後，她卻成了家人的心病：由於長期把時間精力都用在工作上，吃飯不定時，睡眠嚴重不足，眼睛長時間盯著電腦螢幕，她的近視度數加深了。厚厚的鏡片再加上那張油光可鑑、長滿痘痘的臉，讓她成為異性都不願靠近的「恐龍妹」。而且她還得了焦慮症、偏頭痛等症狀，根本無法投入工作。最後，家人不得不替她辭職，把她帶回老家徹底休養。

人生是需要平衡的。當我們過度偏重某個點時，難免會失去對其他方面的把握和控制，劉芳就是這樣。

讀書的時候有人讀成了「書呆子」，這當然不是「書」的初衷。工作也是這樣，工作的「初衷」不是讓人成為奴僕。工作是讓人實現人生價值的平臺，是幫我們獲得美好生活的途徑，也是讓我們享受成就感的事。而有的人卻為工作所累，讓它成了生活的唯一。結果導致生活徹底失衡，全盤崩潰。更有甚者，連帶還會讓家人朋友一同承擔苦果。

其實，那些真正成功的人往往不是人們所想像的那樣，為工作和事業不惜放棄一切，失去自我。恰恰相反，他們是很會生活的人。只不過他們非常有智慧，從不把生活和工作亂無章法地攪在一起。在他們看來，工作是工作，生活是生活。工作時的角色是「職務」所賦予的，而生活中是真正的自己。他們會主動追求健康、多采多姿的生活，多「角度」去體會人生。

工作本身不是生活的全部，工作是為了更好的生活。生活是多面體，每一面都有它的精彩，每一面也都有它特別的意義。只有多面的人生才會充實豐滿。更何況，從事其他活動的時候，精神意識會得到解放，更有助於保持思維的更新，挖掘出其他的潛能。誰說成功不得益於此呢？

冷臉也是一種威力

不怒自威，不戰而屈人之兵，到底是怎麼樣的一種表情、一種狀態，才能懾住人心，才能談笑間靜胡沙？

我們是不是都在想，古時候的人要比我們現代人不按常理出牌，卻總是能收到奇效，雖然一句話都沒有說，只是露出一個眼神，擺出一個表情，就能夠震懾現場，把問題解決，這樣的氣場讓我們感覺玄之又玄，而且還羨慕不已，有一種想馬上就學會精通的衝動。

生活中，我們常常會看到話多的人，別人不說話時，他就好像是東道主開了個人演講一樣，滔滔不絕地說，絲毫不顧及身邊人的感受；別人說話時，他感覺是在搶自己風頭，爭強好勝之心瞬間被激發而出，激烈的話語就會不由自主脫口而出……我們與人交往的經歷中可以明白：話語的多與少和我們的魅力成反比。

說得愈多，我們暴露得愈多，錯得也就愈多。有時候單單擺出一副冷面孔，不用多說什麼，我們就可以把問題好好地解決，我們不需要畫蛇添足、多費力氣，滔滔不絕地說話了。多話是缺乏自信的一種表現，總會給人一種掩飾真相的感覺，與其如此，不如少說多做，更能收穫更好的效果。

人生道路本來就是崎嶇、充滿變數的，想要突破身邊的層層荊棘，想要乘風破浪，就需要擁有一顆強大的心，意志堅定，機智過人。比如，空城計的諸葛亮，不費一兵一卒，不說一字一語，就能退司馬懿十五萬大軍。如果我們深入冷情緒，它的本質就變成心理戰，誰承受得了，就能獲得成功，不僅成功，還能和身邊的人成為朋友。

有兩家公司進行談判，分別是甲公司和乙公司。甲公司是賣方，而乙公司是買方。兩家公司談判的氣氛非常焦灼，恨不得處處都是明槍暗箭，討論到價格時，更是你爭我趕，誰都不肯讓步。

甲公司工作人員說：「我方的報價是五百萬，貴公司有什麼意見嗎？」

乙公司工作人員聽完甲公司工作人員報價之後面色如常，沉默不語，只是低頭看著地板，絲毫沒有說話的意思。

時間就這樣不停地流失著，會議室中靜得可聞針落。甲公司工作人員忍耐不住了：「我們退一步可以了吧，四百五十萬，你看如何？」甲公司工作人員說完這話，面部表情都開始有些猙獰了，很顯然，甲公司工作人員是下了很大的決心。

甲公司讓步了，但是乙公司工作人員還是沒有要說話的意思，就這樣甲一直讓步，乙一直沉默，最終，價格來到三百七十萬，甲公司工作人員說，不能再讓步了，這已經是底線了。他的臉上呈現出非常憤怒的神情。

這時，乙公司工作人員站起身說：「以前，和我們合作的公司開出的價格，比你們的出價還低。」

甲公司人員見乙公司工作人員說話了，就好像久旱逢甘霖一樣，他說：「那你開個價吧！」

乙公司工作人員依然沉靜地說：「我也不會讓你不好交代，我們老闆當初交代的價格是兩百萬，但是看你不斷讓步，非常誠懇，我決定臨時改變決定，三百萬，你看如何？是不是可以接受這個價格？」

落差效應在這時產生了效用，三百七十萬變成了三百萬，剛才情緒激動的甲公司人員想了一會兒就答應了。

甲公司人員回到公司之後，老闆得知這個價格還誇獎了他一番。就這樣這項你爭我奪的談判戰役就此告一段落。甲公司和乙公司的工作人員也因為這次的合作成功，加強了彼此之間的聯繫，並且成為了很好的朋友。

乙的沉著冷靜和甲的激進冒失形成了鮮明的對比，最後的結果雖然是雙方都獲益了，但是主動權明顯在乙方，而且乙方以靜制動的策略也收到了奇效。我們的電腦系統中配置了「資源回收筒」，它的用途就是存放移除的垃圾檔案。連接網路的電腦每天都會產生上百個的垃圾資訊，必須定期清空，否則就會影響到電腦的運行速度。

我們每一個人的心靈深處，也都有一個「資源回收筒」，同樣裝載了很多「垃圾資訊」。只有定期清空，才不至於讓這些「垃圾」填滿心靈、危害身心，進而吞噬靈魂，這樣我們的廢話也會因此逐漸消失殆盡，取而代之的則是擲地有聲的精簡話語。

心裡乾淨了，嘴自然也就安靜了，我們的個人魅力也會在這種冷面孔的催化下逐漸形成。我們不是超人，所以，我們需要把一些多餘的工作停下來，這樣才能把個人氣場淋漓盡致地展現出來。冷面孔不僅產生威力，還會為我們帶來人氣，快樂地去發揮冷面孔的威力吧！讓所有的美好都來到我們的身邊！

永遠不要背黑鍋

我看過這樣一篇報導：一名在知名企業上班的員工被誣陷偷了經理的手機，而且還牽扯到商業機密。為了以示清白，那名員工竟然跳樓自殺了。

悲哀之餘，我不禁感嘆，這種為了莫須有的罪名而自殺的行為，實在不值得。這也說明了一點，有的黑鍋千萬不能背。

黑鍋是分不同性質的，有的是上司或者同事工作的失誤，為了推卸責任；而有的是事件本身嚴重，甚至涉及犯罪。不論哪種情況，即使有天大的好處，你也不能讓自己背黑鍋，否則這輩子可能就毀在這一件事上面。

年終歲末，大家最關心的就是年終獎金了，林風和他的同事也不例外。但是，這家公司每個人的待遇都是不公開的，於是就有人四處打聽別人的價碼，生怕自己少賺了。反正打聽薪水多少就跟八卦一樣，大家都樂此不疲。可是一挖出來，比較的心理自然也就由此滋生了。誰誰誰憑什麼賺那麼多？話語之間的架勢，恨不得把人家年終分紅的錢給搶過來。為了避免員工互相比較，林風的公司嚴禁打探薪酬。

可是，高松覺得自己這一年來辛辛苦苦做得不錯，決定打探一下其他同事的待遇。另一個部門的主管也沒多想就告訴了高松。高松一聽立刻火冒三丈，自以為精明幹練的他，直到今天才知道，別部門一般事務員工的待遇都比他高，這讓他心裡很不平衡。但是轉念一想，主管不是挖陷阱給自己跳吧？如果他提供的情報不準確，那麼到時候自己提出加薪的要求，就是無理取鬧，恐怕今後的日子就不會好過了。於是，高松又偷偷約了部門裡一個叫唐濤的人。唐濤為人謹慎，一聽問薪水的事情就三緘其口。沒辦法，高松只好作罷。

但是，高松愈想愈氣，最後還是忍不住，竟然鬧到老總那裡。事後追查起來，那個部門的主管把責任推得一乾二淨，說自己沒講。結果，有人說看見唐濤前兩天和高松一起吃飯，於是順情順理，唐濤背上了黑鍋。

唐濤雖然覺得委屈，但是他認為這並不是多嚴重的事情，只是感嘆「人心不古」而已。然而，事情的嚴重程度最後超出了唐濤的想像。公司老總正打算利用這件事情整頓公司員工的行為，違反公司明文規定的人要從嚴處理。倒楣的唐濤就這樣成了「嚴打對象」，最後被炒了魷魚。

很多黑鍋一旦背上，印記就洗不掉了，所以無論如何都不能背。不論你代人受過，眼下可以得到多少「好處」，甚至老闆向你「施壓」，你也要堅決拒絕。有的黑鍋可能會毀掉你的職業生涯，比如出賣公司的商業機密，盜取公司的財物等，這樣的黑鍋一旦背上，今後也無法挺起胸膛做人。

很多時候，別人的錯誤自己承擔責任，完全是平時對責任的界限劃分不清楚，沒有做到各司其職，各盡其責。**要做到工作範圍內不背黑鍋，必須劃清界限，才能免受**

池魚之災。有些事儘量白紙黑字記錄下來，即使上司或同事想嫁禍於你，你也有充分的證據證明自己是清白的。

尤其是現代職場，很多工作都需要上司和下屬、同事和同事之間的密切配合。但是，因此也會出現職責不清的問題，一旦對方的工作有失誤，就可能把責任推給你。所以在這之前，你要「劃分工作界限」。與同事合作或者接受上司委派的任務時，一定要明確職責，然後全力以赴。否則黑鍋罩頭的時候，你根本躲不開。

隱私這種事，還是躲得遠遠就好

有些人總是對別人的私事抱有極大的興趣，甚至「打破砂鍋問到底」的熱情，這種行為也許不會帶給他人麻煩，卻有可能造成不好的生活影響。

即使別人對你極度信任，主動把隱私告訴你，你也不能到處散布，你只有分憂解難的義務。否則，你在散播別人的隱私的同時，也在銷毀自己的人品。真正聰明的人，絕對不會把傳播別人的隱私當作是一件趣事，對他們來說，別人的私事只不過是過眼的雲煙。

羅小藝剛剛進入一家公司當業務秘書，當她第一次走進辦公室的時候，幾乎嚇了一跳，因為坐在她對面的吳小莎竟然是與她住在同一社區的鄰居。她清楚地記得，半個月前吳小莎被幾個人打得遍體鱗傷，從一個氣勢強大的女人接連不斷的叫罵聲裡，她得知吳小莎破壞了別人的家庭。

吳小莎也認出她來了，雖然面熟但是彼此沒有說過話，她臉上突然閃過的驚訝與不快，讓羅小藝心裡有一絲異樣感。果然，吳小莎不但沒有給羅小藝任何幫助，而且兩人也互動得很不愉快。比如，常常是在快下班的時候，她會要求羅小藝整理出她所需要的檔案；在週末做報表時她故意拖到很晚才把相關資料交給羅小藝，讓羅小藝每次交報表都很緊張；她在工作中會故意做一些失誤，然後向經理解釋是羅小藝沒有配合的結果；她更是緊盯著那些與羅小藝說話的人，然後轉彎抹角地套出她們的談話內容。因為羅小藝與其他同事的合作案也很多，她便話裡話外地警告羅小藝少管別人的閒事。

吳小莎想在羅小藝的試用期間趕走她。只要羅小藝留在公司的一天，吳小莎的祕密就有被洩露的危險，她就一天也不踏實。

羅小藝是聰明人，但是她也不想跟吳小莎起正面衝突。然而，當吳小莎一次次故技重施，又把她的錯誤推到自己頭上，一忍再忍的羅小藝終於在下班之後攔住了吳小沙。

兩個人坐在空蕩蕩的辦公室裡，心懷鬼胎的吳小莎幾乎不敢正視羅小藝的眼睛，而羅小藝則平靜地對她說：「我覺得你似乎對我有一些敵意，我不知道自己的感覺是否正確，如果不是因為我們住得很近，也許我們會相處得很好。」

吳小莎的臉上露出一絲尷尬的神色，羅小藝相信這些話已點明她知道受到刁難的原因。羅小藝接著說：「我今天只想對你說明一事：我是來這裡工作的，我對工作以外的其他事情完全沒有興趣，包括他人隱私、愛好和家庭，即便我無意中知道了別人的一些私事，也只當成過路的風景。」

看到吳小莎鬆了一口氣的樣子，羅小藝換了一種很輕鬆的口吻繼續說：「就像路邊的野花，我雖然看見了，但是絕不會去採。」

吳小莎一時沉默不語，最後她輕輕地對羅小藝說：「我們一起去吃晚飯好嗎？」

後來，她們成為很好的工作夥伴。

一次推心置腹、卻又觀點明確的對話化解了羅小藝的危機，羅小藝的成功在於，她知道在辦公室這種強調個人、複雜敏感的小世界裡，學會分清公眾與個人、工作與私事的界限，是立足職場的必修課，而尊重別人的隱私則是保護自己最好的方法。

當然，也有人因為處理隱私不當而深受其苦。

李佳是一家進出口公司的辦公室秘書，由於辦公室場地緊張，所以她被分配到一個小辦公室，跟業務員王芳同一個房間。

有一天，李佳無意中發現王芳偷偷從電腦調出客戶資訊據為己有。李佳便把這件事告訴老闆的紅人張麗，以此作為一個小小討好張麗的手段。後來，張麗與王芳在一次爭執中，譏諷她竊取別人的客戶，惱羞成怒的王芳馬上意識到是李佳告密，因為李佳跟她共處同一個辦公室。

於是，之後的工作，王芳便經常向經理報告李佳工作中的諸多小失誤：比如，打錯報價單、傳真沒有及時發出、忘記轉告客戶留言……就這樣，一年一度的員工調薪，李佳沒有趕上那次漲幅高達百分之三十的調薪。而且老闆與李佳的關係，反而更加疏遠起來。

自以為是的李佳之所以會空留懊悔，是因為她把同事的祕密當成了取悅別人的手段。其實，排擠別人、拉幫結派、打擊一方來取悅另一方，都是很不光明的行徑。最終，張麗沒有成為李佳所希望的「知己」，便是最好的證明。

在人際交往中，把握好同事或者朋友之間適當的尺度，以寬容、平和的心對待別人的隱私，實際上是在為自己減少惹來不必要危險與煩惱的機會。這種機會也為我們的事業做了鋪墊和準備。

隱私與個人的名譽密切相關，背後議論他人的隱私，會損害他人的名譽。如果你對別人的隱私抓著不放，那麼極有可能被捲入煩惱的漩渦而不能自拔，進而引起雙方關係的緊張甚至惡化，這是一種有害的行為，也是一種不光彩的行為。

不洩露別人的隱私是我們的基本素養，希望每個人都能嚴格遵守。

別人的想法，改變不了你的心情

也許，我們每天很辛苦地趕路，也不過是為了得到別人的一句讚賞或者肯定。我們步履匆匆地穿梭在鋼鐵叢林裡，來不及回憶曾經美好的初戀，來不及給曾經的好朋友打個電話聊聊現狀，只因我們的負擔太重。我們每天不僅要面對一大堆的帳單：水電費、瓦斯費、信用卡帳單、車貸、房貸。我們還要面對這個世界的帳單：如何做一個讓別人豎起大拇指，人人稱讚又羨慕的人。

可是你有沒有發現，生命是一個不停流逝的過程，你我走過的每一個地方、遇到的每一個人，也許都是我們路過的一個驛站。你曾經很在意那些人怎麼看你，如今卻發現，那些加諸在你身上的眼光，早已在時間裡化成了塵煙。你才恍然大悟，你曾因為別人隨口的一句話受到打擊，便放棄了自己的夢想；你因為太在意別人的眼光，而不敢追求你自己喜愛的生活；你甚至因為別人的目光，而用謊言把自己包裝成優雅、富有的人……

所以，**很多時候，我們需要的只是堅持做自己而已**。可是，我們做到了嗎？

有一個叫林白的男生，很有文學天分，希望有朝一日能成為知名作家。可是他知道，當作家是一件很辛苦的差事，很有可能辛辛苦苦寫了一輩子的字，最後卻還是默默無名。

大家從知道林白的想法開始，便常常勸他放棄這個夢想。甚至他的好朋友也很驚訝地對他說：「天啊，你怎麼這麼幼稚，你千萬不要到養不活自己的那一天，才跑來跟我訴苦！」

他的同學也時不時對他嗤之以鼻：「你以為自己是誰？趁早斷了這個念頭吧。」

身邊的人說多了，林白對自己也產生了懷疑。是啊，自己能成功嗎？如果最後依然是一事無成的人，該怎麼辦呢？漸漸地，林白便有些心灰意冷了。他很少動筆寫文章，工作之餘都用來吃喝玩樂，就這樣浪費了好幾年的時光。

直到有一天，在報社工作的朋友當天的版面空出一塊，負責的記者情急之下想到了林白。他沒推辭，很快便完成了一篇稿子。也就是這一篇稿子，讓他被總編看中。總編說：「這位作者的文字功力相當了得啊，我要見他一面。」

結果果然不出所料，林白被邀請為報社的專欄作家，漸漸地寫得有些名氣，也開始為其他報紙和雜誌寫專欄。而現在，他已經是深受大家喜愛的專欄作家了，並且有一家出版社想將他的作品結集成冊。總之，他在一步步地接近自己的作家夢。

林白的故事告訴我們，當你十分熱愛的東西——當然，要在法律與道德允許的範疇之內——面臨別人的非議時，請記住，最瞭解你自己的，不會是別人，而是你自己，所以，他人的意見未必是中肯的。

還有這樣一個故事：

一位雙目失明的女孩，歷經千辛萬苦才找到了調琴師這樣的工作。

當她回去跟親人們說時，所有人都這麼說：「你的眼睛瞎了，不適合做這行，過不了多久老闆就會把你辭退。」

女孩對親人們說：「我的眼睛雖然瞎了，但是我的耳朵十分靈敏，我一定可以做好調琴師這個工作。」

親人們拗不過她，只好讓她去做。他們認為，反正她過不了多久就會被辭退。

可是事實上，她的老闆被她真誠的工作態度感動了，經常為她指點迷津。她的調琴技術突飛猛進，得到了業界的一致好評。

最後，她開了一家調琴公司，成了專業的調琴大師。

人不可避免地會在生活中得到許多忠告，這份忠告可能來自你的鄰居、親戚、同學、同事，每一個認識你的人，無時無刻不在熱心地對你提出忠告。你需要注意的是，如果你已經是一個成熟的人，你對自己的選擇能夠完全負起責任，並且也有是非判斷的能力，那麼，堅信自己的選擇好過於盲從。

當然，除了這些免費的人生顧問以外，我們還會臆想出許多的觀眾，每做一件事都會想：「哎呀，別人會怎麼看我呢？」殊不知，你腦子裡擔心會對你抱持想法的人，每天也有跟你一樣多、甚至更多的問題等著他面對。也就是說：不要活得那麼累，你沒有那麼多觀眾。

「我這麼做別人會怎麼想」，是一種最常見也是對人最具破壞性的消極心理狀態。這種「別人式」的想法，是一個枷鎖，它緊緊地捆綁著我們，讓我們無法按照自己想要的方式生活。

為了避免你被自己想像中的「別人的想法」奴役，你可以嘗試以下方法：

一、當你不是一個公眾人物，其實別人沒那麼多的時間關注你；有一天，很多人站出來批評你的時候，說明了你已經取得了一定的社會地位，在一定程度上也是你被眾人羨慕的證明。

二、請選擇人格高尚，尤其不愛講閒言碎語、也不會相信閒言碎語的人做朋友。這樣的朋友有助於你不會太過在意別人的想法。

三、建立與保持獨立的處世與做人態度。只要你的所作所為沒有傷害他人，穿什麼衣服、剪什麼髮型，是你自己的事，與別人有什麼關係呢？

四、請你一定要記住，別人也有一大堆生活瑣事需要應付。也許他們在正為自己的事情煩惱呢。

拒絕，永遠不會太晚。
你可以拒絕，而且獲得尊重！

HEART
心|視野　心視野系列 027

當時拒絕就對了

56 招「說不指南」遠離他人的索求，勉強自己為別人忙，不如對自己坦然

作　　者	應衛強
總 編 輯	何玉美
選 書 人	陳秀娟
主　　編	陳秀娟
封面設計	兒日
內文排版	許貴華
出版發行	采實文化事業股份有限公司
行銷企劃	陳佩宜・陳詩婷・陳苑如
業務發行	林詩富・張世明・吳淑華・林坤蓉・林踏欣
會計行政	王雅蕙・李韶婉
法律顧問	第一國際法律事務所　余淑杏律師
電子信箱	acme@acmebook.com.tw
采實粉絲團	http://www.facebook.com/acmebook
ISBN	978-957-8950-08-5
定　　價	320 元
初版一刷	2018 年 3 月
劃撥帳號	50148859
劃撥戶名	采實文化事業股份有限公司
	104 台北市中山區建國北路二段 92 號 9 樓
	電話：(02)2518-5198
	傳真：(02)2518-2098

國家圖書館出版品預行編目資料

當時拒絕就對了 / 應衛強著 . -- 初版 .
-- 臺北市 : 采實文化 , 2018.03
面；　公分 . -- (心視野系列 ; 27)
ISBN 978-957-8950-08-5(平裝)
1. 人際關係 2. 人際傳播 3. 生活指導

177.3　　106024221

本書通過「四川一覽文化傳播廣告有限公司」代理，
經北京文通天下圖書有限公司授權出版中文繁體字版本。

采實出版集團
ACME PUBLISHING GROUP